帝国に生きた少女たち

京城第一公立高等女学校生の植民地経験

広瀬 玲子

大月書店

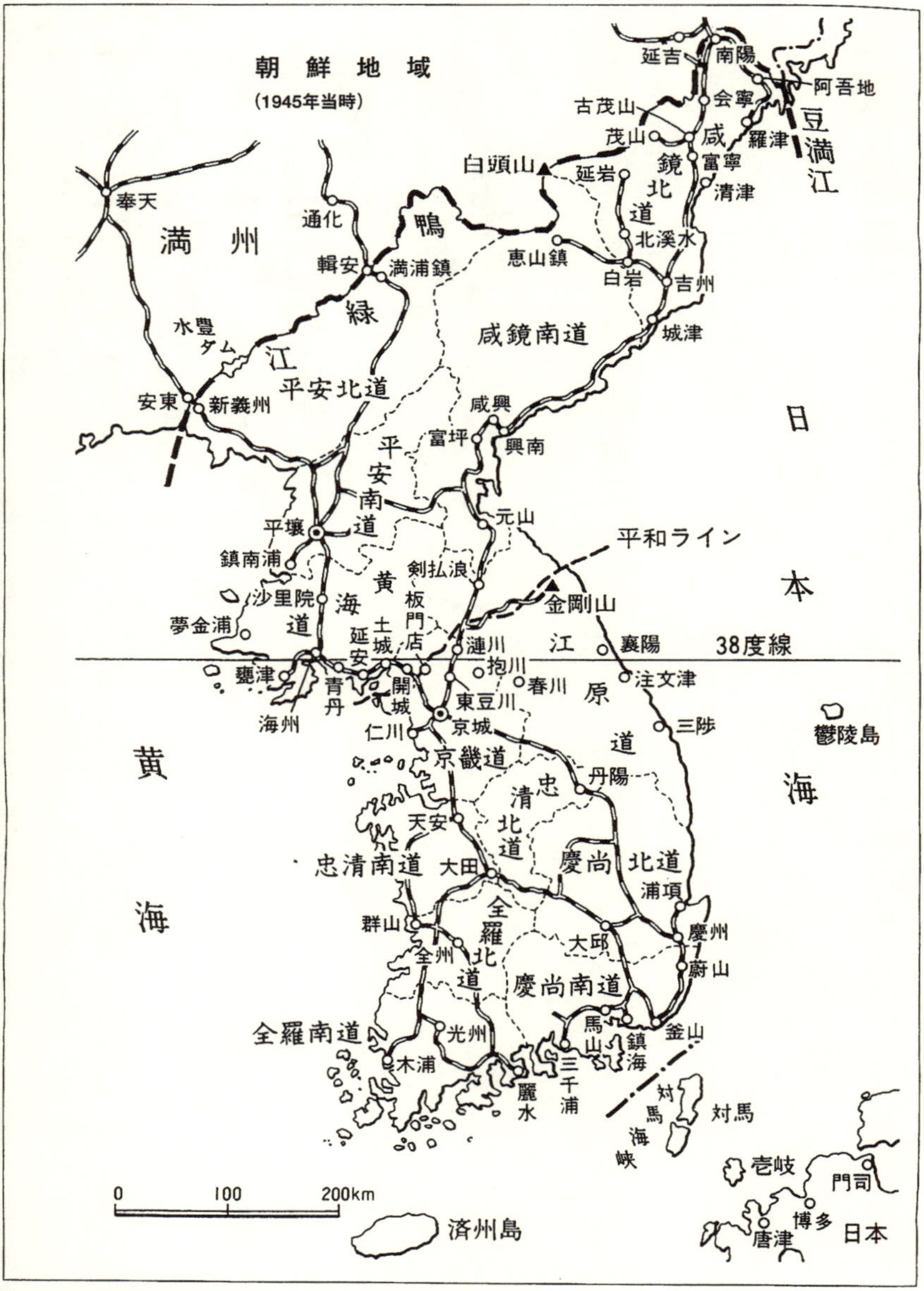

出所）若槻泰雄『戦後引揚げの記録』時事通信社、1995年

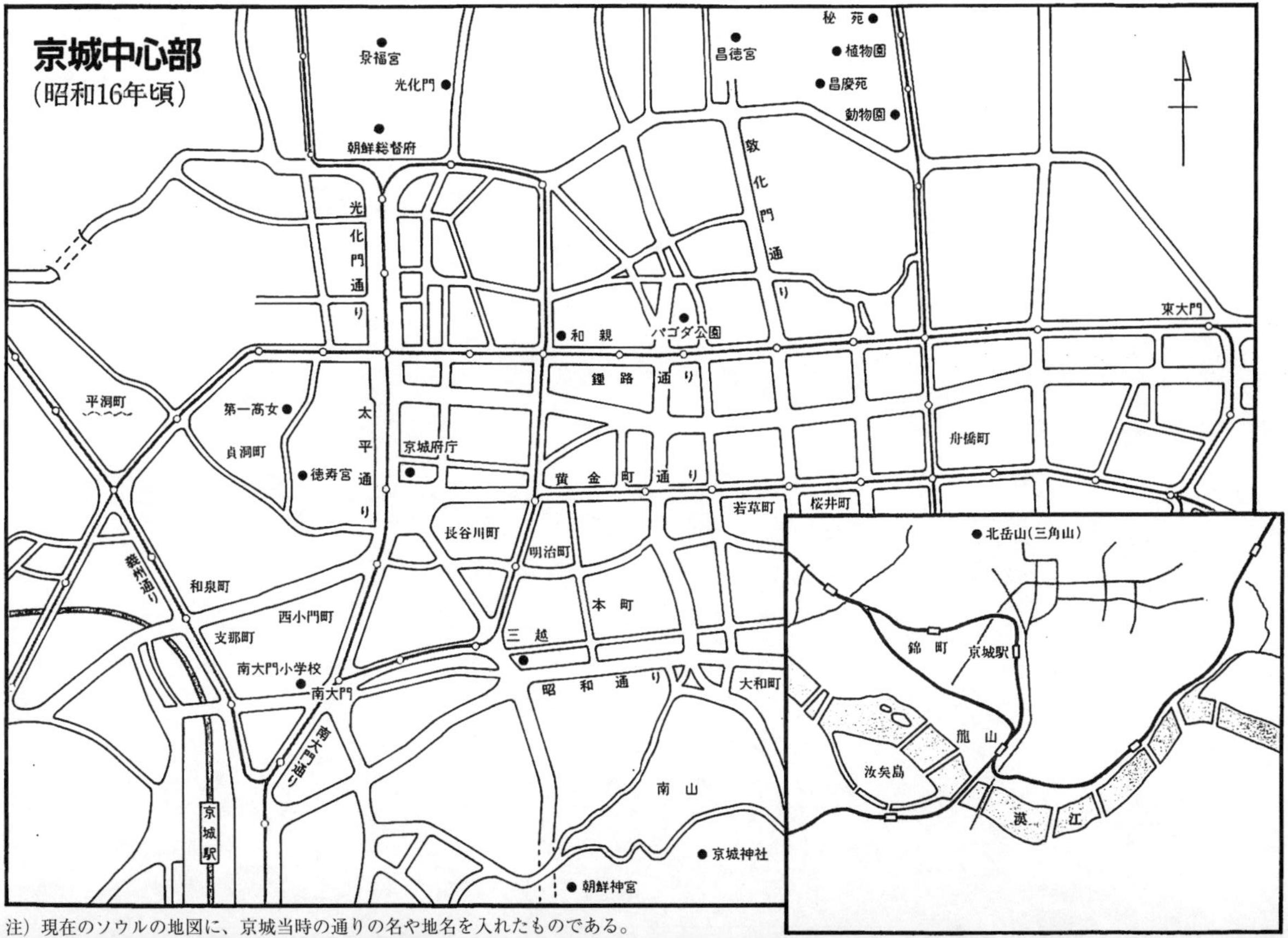

注）現在のソウルの地図に、京城当時の通りの名や地名を入れたものである。

はじめに

筆者が、植民地朝鮮で生まれ日本の敗戦まで住んでいた女性たちにインタビューを開始したのは、二〇〇八年のことである。筆者は女性史を専攻し、戦争と女性というテーマに取り組んでいたが、韓国での二度の研修の機会を得たことで、植民地であった朝鮮に暮らしていた日本人女性について調べてみようと思い始めていた。当初は手探りであったが、やがて沢井理恵『母の「京城」・私のソウル』(草風館、一九九六年)と出会った。同書は、植民者二世を母に持つ沢井が、朝鮮京城で生まれ育った母たち家族の生活を描く一方で、自らが体験した韓国との交流を描き、植民地体験と現在の往還を記したものである。そこには当時の京城で暮らした植民者家族の体験があふれており、また女学校という空間での少女の体験が詳細に描かれていた。

植民地における日本女性の研究を進めようとしていた筆者にとって、興味をそそられる内容を多く含んだ本に記された著者の母に、ぜひ会ってみたいと思い連絡をとった。それがK氏であった。氏は快く筆者のインタビューに応じてくださった。初回の訪問であったが話は長時間にわたり、夕食までごちそうになり、辞したときには日がとっぷりと暮れていた。この後K氏とは数回にわたって会い、また連絡をとり、さまざまな話を聞くかたわら、本研究を進めるうえで貴重な情報を提供していただくことになった。

第一に、京城第一公立高等女学校の同窓会があり、年一回の集まりを持っていること（この集まりは二〇〇八年が最後となった）。同窓会名簿が作成されており、三百余名の会員が存在すること。

第二に、他のインフォーマントを積極的に紹介してくださったことである。

これ以外にも筆者が相談にのっていただいたことは多いが、K氏との出会いがなかったら本研究は困難を極めたことと思う。

このようにしてアンケート調査とインタビューを開始した。アンケートは二〇〇九年から二〇一一年の期間に、三二名に依頼し二一名から回答を得た。インタビューは同期間に一六名に行うことができた。そのなかでも、筆者の印象に残ったのは、J氏を訪問したときのことである。

J氏は、筆者がインタビューに訪れたとき、開口一番に、「何しろ最近、朝鮮の話をしだしたのです。怖くて話せないのですよ（以前は怖くて朝鮮時代のことを話せなかった）。朝鮮人がやって来るのじゃないかと」と言った。敗戦で引揚げる際に、所有していた土地・家屋の処分をめぐって、買い手の朝鮮人と夫との間にトラブルがあり、夫が一時身を隠した。その間にJ氏のところに「ヤクザみたいな」朝鮮人が足しげく来たことが恐怖の原因だった。今でも夢を見るという。

敗戦・引揚げ後六十数年を経てもなお、恐怖を感じ夢にも見るという植民地での出来事。植民者としての歴史は風化しないで個々の植民者のなかに刻まれていると感じた瞬間だった。

C氏は筆者のインタビューに淡々と答えてくださったが、「女学校時代のことを話すことができてとても楽しかった」とおっしゃった。子どもや、まして孫にもこのような話はほとんどしたことはないという。

同様なことは多くのインフォーマントが口にした。植民地での出来事はひっそりと胸のなかにしまわれていたのである。ただ、少数の方々は文章に書くというかたちで植民者としての経験を世に問うていた。これは貴重な史料として本文に使わせていただいている。

アンケート・インタビューに応じてくださった方は、筆者の細かい質問に詳しく回答してくださった。だが、それがすべてではない。なかには「朝鮮のことはあまり話したくない」という方もいた。「話したくない」という沈黙の意味をもつかみとる必要があると感じる。本書でめざしたのは、植民地朝鮮で生まれ、育った女性たち、日本人女性植民者二世の経験を現在に連なる歴史に位置づけることである。インフォーマントの回答・語りをどれだけ書き込むことができたのか。それは読み手の判断にゆだねるしかないが、筆者に回答を寄せてくださったインフォーマントへの筆者なりの応答が本書となった。

目次

はじめに　5
凡例　13
序　問題意識と方法　15
第1章　朝鮮での暮らし　35
1　親世代はどのようにして朝鮮に渡ったか　35
2　豊かな暮らし――構造的強者として　40
第2章　植民地女学校――京城第一公立高等女学校の沿革　45
1　植民地女性の指導者育成　45
2　女学校教育への批判的まなざし　56
第3章　少女たちにとっての京城第一公立高等女学校　59
1　第一高女合格への関門　59

2　学園生活　61
(1)授業内容　66
(2)学校行事——遠足・運動会・音楽会・修学旅行・卒業生を送る予餞会　72
(3)いくつかのエピソード　76
3　「良妻賢母」育成にとどまらぬ教育　77
4　植民地支配との密接な関係　81
5　戦時体制への呼応と第一高女の終焉　84
6　戦争末期——敗戦の予感　101

第4章　朝鮮認識・植民地認識——植民地主義はいかに内面化されるか　103

1　朝鮮人とのコンタクトゾーン　103
2　居住地の分離　105
3　朝鮮人使用人の存在——従属者として　107
4　文化・風俗・習慣へのまなざし　112
5　日本語の強制——あたりまえの風景　114
6　創氏改名——疑問を持つことはなく　115

7　植民地と認識していたのか——植民地支配の不可視化　117
8　朝鮮人をどのように見ていたのか　118
9　植民地支配の歪みを見る　120

第5章　敗戦が始まりだった——認識の転換を促すもの(1)　125
1　不穏な気配と大極旗　125
2　静寂そして歓喜を目の前にして　126
3　予想していた敗戦　129
4　略奪された家財・財産　130
5　憤怒と敵意にさらされる　132
6　敗戦二日後の日記と第一高女の終焉　135

第6章　引揚げ——認識の転換を促すもの(2)　139
1　それぞれの引揚げ　139
2　祖国での冷遇・差別　147

第7章　継続する植民地経験——植民者であったことを反芻しながら　153

1　ノスタルジーに浸る　154
2　居心地の悪さを抱えて　157
3　何も気づかなかったことへの痛みと申し訳なさ　158
4　植民地責任への自覚　164
5　植民者であることの葛藤――T氏（堀内純子）　175
おわりに　189
注　193
あとがき　218

凡例

一、引用史料等に関しては、原則として常用漢字表の字体とし、旧仮名遣いはそのままとした。ただし、固有名詞に関しては旧字体で表記したものがある。

一、引用史料中、解読不可能な文字は□□で記した。

一、引用文で、明らかな誤字とわかるものは訂正した。

一、引用文を省略する場合は（中略）とした。

一、引用文中の（　）は原文注記や補足であり、筆者による注記や補足は〔　〕で示した。

一、年号はすべて西暦に統一して表した。ただし引用史料に関してはそのままとした。

一、国名・地名については、基本的に当時の読み方とした。

一、本書には現在から見れば不適切な表現があるが、歴史的に使用された用語としてそのまま掲載した。

一、注の一回とは第一回卒業生を、在一とは、京城第一公立高等女学校閉校時に一学年であったことを意味する。

序　問題意識と方法

植民地責任

近来歴史学界で提起されている概念に「植民地責任」がある。植民地支配責任という用語は、極東国際軍事裁判（以下、東京裁判とする）において日本の戦争犯罪が裁かれたときに登場していた。しかし、東京裁判においては植民地支配の罪・人道上の罪の追及は不徹底に終わった。その結果として、一九五一年にサンフランシスコで調印された対日講和条約には日本の植民地支配責任がどこにも明記されなかった。勝者の連合国が敗者の枢軸国を裁くという構図のなかで（勝者の連合国もまた植民地支配責任を負っていた）、また冷戦の開始という世界情勢のなかでこの問題は不問に付されたままであった。[*1]

変化をもたらしたのは冷戦の終結であった。水野直樹は以下のように指摘している。

植民地支配の歴史を振り返り、植民地支配の清算の課題が広く意識されるようになったのは、この二〇年くらいのことである。冷戦の終結にともなって、戦争や植民地支配によって支配を受けた人々が補償を求める声をあげるようになり、それが社会的にも論議の的となったことが、日本の植民地支配の歴史や植民地主義への関心を広げることになったといえる。[*2]

他方、西欧諸国による植民地支配の責任についても問われ始めている。二〇〇一年八月三一日から九月八日（九・一一の三日前）にかけて、南アフリカのダーバンで開かれた「人種主義、人種差別、外国人排斥および関連のある不寛容に反対する世界会議」（いわゆる「ダーバン会議」）においては、アフリカやカリブ海諸国代表から植民地主義の責任を問う声が盛んに提出された。その結果、「植民地主義が人種主義、人種差別、外国人排斥および関連のある不寛容をもたらした」こと、「この制度と慣行の影響と存続が、今日の世界各地における社会的経済的不平等を続けさせる要因であること」という文言が、かろうじて政府間宣言に盛り込まれた。[*3] この宣言が採択される前に、アメリカ合衆国代表とイスラエル代表は席を蹴って会場を立ち去り、この問題についての賠償・補償をめぐる文言は、日本を含む「先進」諸国代表によって削除された。それにもかかわらず永原陽子が指摘するように、「この会議とそれに至る過程で、植民地主義の「責任」や「罪」が論じられたこと自体が画期的」なことであった。[*4]

このように現在植民地支配に対する責任がさまざまな角度から提起され始めている。一つは、法廷の場で法に照らしてその罪を裁くというかたちで、二つ目は、これと重なるが謝罪と補償を求めるという運動として、さらに三つ目は、歴史学がこれをいかに引き受けるかという問題としてである。ここでは三つ目の問題、すなわち歴史学としてこの問題がどのように議論されているかに焦点を当て、次にこの問題が女性史研究のなかにどのように位置づけられるのかを考察したい。

「植民地支配責任」という方法的概念

「植民地支配責任」という用語を提起した板垣竜太は、日本が朝鮮に対して行った植民地支配について、「植民地支配責任」は「交戦国間の戦争責任には必ずしも還元されえないような概念を想定している」と述べ、義兵闘争弾圧、三・一運動弾圧、憲兵隊による武力弾圧や拷問などの非人道的行為を「すべて戦闘行為」とすることは困難だが、「にもかかわらず、そうした暴力行為は植民地支配という巨大な構造のなかで発生したもの」であり、「そうした暴力を内在化させた植民地支配によって生じた被害に立脚して、今日の植民地支配責任の概念は定立される必要がある」と指摘する。[*5] 板垣の意図は、「今日、植民地支配責任という概念を明確な国際法の言語として創出していく必要がある」という点にあるのだが、「その出発点は、植民地支配という巨大な構造によって引き起こされた個別具体的な被害の経験（多大の損害と苦痛！）にあるということ。そこから出発して、そのような暴力をもたらした構造がいかなるものなのかということを、やはり個別具体的な責任の主体の解明を通じて明らかにしていくこと」だと述べている。[*6] ここで出発点とされる、「植民地支配という巨大な構造によって引き起こされた個別具体的な被害の経験」とそれを「もたらした構造」の解明は、当然歴史学の課題として引き受けなければならないものであろう。そして加害者日本人としての立場を引き受けるならば、植民地支配という巨大な構造のもとで行った、個別具体的な加害の経験とその構造の解明ということになるだろう。

永原陽子は、ナミビアにおけるヘレロ補償問題を手がかりに検討した論考において、植民地主義の「責任」を問うことの歴史学的な意味を考察している。その問題提起は二つあり、一つは、「歴史学の寄与は、組織された補償要求などの動きに隠された、草の根の歴史意識、たとえば人々の「土地」や「境界」に対する意識などを発見するとともに、それをとらえる際に、「人種」「民族」「エスニック集団」などのカテゴリーを批判的に、その歴史性においてとらえる努力を払うこと」であるという。二つ目は、「日常生活の隅々にまで張り巡らされた植民地主義の抑圧による「被害」」、「現在の国際法の射程には入らない、植民地体制下の強制と暴力の構造や内容を明らかにすること」にあると述べる。さらに、「日常化した体制としての植民地主義が正面から問われている例は未だないといってよい。植民地主義の歴史に、その遺産あるいは継続を克服しようとする立場から取り組む問題領域を、「植民地責任論」と名づけるとすれば、それは「平時の植民地主義」をも射程にいれたものでなくてはならない」とした。[*7]

永原は「植民地責任論」を、「植民地主義の歴史に、その遺産あるいは継続を克服しようとする立場から取り組む問題領域」と明確に定義した。さらに「平時の植民地主義」という概念も提起した。この「平時の植民地主義」に対置されるものが何であるのかは明言していないが、おそらくは「戦争時の植民地主義」「戦闘時の植民地主義」と推測する。ともあれその含意は、「日常化した体制としての植民地主義」という言葉で的確にあらわされている。[*8]

このような文脈で見たときに、「植民地主義を被支配者の生活に即して考察」した水野直樹らの研究は重要である。[*9] さらに、被支配者の立場から考察すると同時に、支配者の側の植民地主義を問う必要がある。[*10] またそれが支配者・被支配者の間にどのような権力関係をもたらしたかの解明には双方向からの研究が必要である。

女性史研究における植民地責任研究

ここまで見てきた「植民地責任」という概念を、女性史研究の文脈に位置づけるとどうなるのだろうか。「植民地責任」という用語は使用されていないが、女性史研究においては実は同様な提起がなされていた。早くは一九七八年に任展慧《イムジョネ》が、「多くの日本女性史には、一九四五年以前の日本の旧植民地国に対する日本の女たちの関りの部分が欠落している」「一九四五年以前に朝鮮に行った日本の女たちの様々な分野における活動状況とその数、その朝鮮体験の総合的な考察等は、わたくしたちの前に示されている課題のひとつと言えよう」と指摘していた。[*11] 高崎宗司は植民地支配に積極的に協力した団体、緑旗連盟の幹部であった津田節子の行動を分析している。[*12] また狭義の女性史の範疇には入らないが、森崎和江は『慶州は母の呼び声——わが原郷』において、自らの植民地経験を深い洞察とともに記し、「今は地球上から消え果てましたが、なお、子々孫々にわたって否定すべき植民地主義と、そこでのわたしの日々を、この書物にまとめました」と書いた。[*13] 植民地主義をはっきりと否定すべきものとし、自らの植民地経験に向き合い、痛みを伴った自責の念を隠すところなく吐露した文章は重く、その感性の鋭敏さに脱帽するばかりである。

この森崎の著作と相前後する時期、女性史研究においては女性の戦争協力・戦争責任に関する研究が進められていた。[*14] 海外植民地を有していた戦前日本において、内地における戦争遂行体制を支えたのは男性のみでなく、女性もまさにその一翼を担ったことが明らかにされていく。反面、植民者としての日本人女性という発想が弱かったのも事実であった。それは戦争責任と言いながら、視野が日本国内に限定されがちなことに起因していた。

この一国史的視野からの脱却は、一九九〇年代に入って起こる。日本の近代史を東アジア・東南アジアとの関係から再構成しようとする方法が導入され始めたのである。象徴的には、日本軍「慰安婦」問題での行動が、アジア地域あるいは東アジア地域の女性たちの共同を促し、この問題の解決にとって植民地研究が不可欠であることが自覚されていった。シリーズ岩波講座『近代日本と植民地』では、日本の植民地支配の様相がさまざまな角度から解明され課題化された。加納実紀代は、「近代日本の海外膨張政策に女性が果たした役割を検討」し、「女たちの多くは、その特権的な状況を疑うことなく、植民地の維持安定に自分たちが果たしている役割に気づかないまま敗戦を迎えた」と指摘した。[*15] 石井智恵美は、朝鮮において教育者として「「内鮮融和」の強力な担い手となった」指導者・淵沢能恵について分析した。[*16]

一九九〇年代後半に入ると研究はさらに進んだ。一九九六年には「アジア女性史国際シンポジウム」が開かれ、アジアの各地域で女性史研究が進展し、植民地研究の対象も広がった。筆者はエリート女性たちの満洲認識を探り、「満洲は植民地ではない」という認識と、「王道楽土の建設」への深い共鳴が女性たちを植民地支配に加担させたこと、他方「大陸の花嫁」送出過程を分析し、巧妙に張り巡らされた十重《とえ》二十《はた》重《え》の網のなかで、女性たちは圧倒的な無知・無権利状態に置かれ、満洲が植民地だとはつゆ思わずに花嫁に志願し、植民地支配を担ったと指摘した。[*17]

田端かやは、植民地朝鮮で生きた日本女性たちの植民地経験に関する研究を、数人の女性へのインタビューを通して行った。[*18] 咲本和子は、京城女子師範学校を卒業し、植民地朝鮮で教師となった女性たちへのアンケート調査・インタビューを通して、彼女たちが良心的で職務に忠実であればあるほど朝鮮児童を

「皇国臣民化」へと導く大きな力になったというパラドクスを指摘した。[19] 洪郁如《こういくじょ》は、植民地台湾における愛国婦人会の役割を分析し、「政府と緊密な婦人団体という性格を遥かに超えて」「日本の植民地統治機構の一非正規部門であった」と結論づけた。[20]

このように植民地支配と女性の役割に関する研究の糸口がつけられるなかで、二〇〇〇年代に入りこの流れはさらに加速した。日本における女性史研究の牽引車となってきた『歴史評論』は、二〇〇一年「特集「帝国」・植民地の女性」、二〇〇二年「特集　東アジア女性の「帝国」観と植民地認識」と二年続けて特集を組んだ。二〇〇一年の「特集にあたって」は以下のように述べる。

従来の日本女性史研究では、植民地と日本女性の関わりについての解明が不十分であった。（中略）植民地支配、植民地の女性を視野に入れた研究をめざす新たな模索が始まっている。「帝国」と植民地における女性の生活は、生産労働、社会進出、性と生殖、戦争協力のどれひとつとっても個々に完結するものではなく、相互補完の関係にある。また植民地では、民族とジェンダーにおける諸問題、すなわち「帝国」・植民地の民族差別問題と男女差別問題が複雑にからまりあって表出する。さらに「帝国女性」の植民地での活動、植民地女性の「帝国」支配への協力問題など、解明すべき課題は多い。それらの解明に向けて、現在、「帝国」と植民地双方向からの研究が必要な段階に来ているといえよう。[21]

河かおるは、総力戦下の朝鮮女性には母・妻・主婦役割以上に、生産労働を担うという日本女性とは異なる役割が求められたことに、抑圧構造の民族格差および相互補完関係を見出した。また朝鮮女性の戦争協力は「解放」幻想とは無縁で苦渋に満ちていたところに日本女性のそれとの相違を見ている。[*22] 粟屋利江は、インド支配とイギリス人女性についての研究動向を紹介しながら、帝国主義支配と白人女性たちの「共犯」関係、本国フェミニストの持った「帝国主義フェミニズム」性を指摘した。[*23]

二〇〇二年の「特集にあたって」は次のように述べる。

「帝国」女性は、ジェンダーの立場を優先させた時、植民地支配構造に取り込まれてしまうか、侵略戦争や植民地支配を批判できないという陥穽に落ち込んだ。とくに「帝国」女性が植民地支配とかかわった場合の精神構造の分析は、今後の研究が待たれる重要課題である。(中略)一方、すべての植民地女性の生は、植民地支配という大きな枠に規定されざるを得ないが、「帝国」との関係は、抵抗あるいは協力・妥協というかたちをとって具体化された。「帝国」支配に抵抗した場合の研究は進展しつつあるが、協力・妥協に関する事例研究は少なく、その結論も批判的・断罪的となる傾向が強い。植民地女性の「帝国」とのかかわりを、協力を含めて総体的・具体的に究明し、さらにその背後にある意識をも追究することが必要とされている。[*24]

米田佐代子は、「権力社会」を否定し、「平等構想」を描いた平塚らいてう・与謝野晶子・高群逸枝らが、日本によって侵略されたアジアを「植民地」としてほとんど認識しえなかったのはなぜかという問いを立て、「統治主体」にかかわる構想を欠いていた結果として日本の国家主義に同調することになったと指摘した。[*25] 金炅一《キムギョンイル》は、植民地下で自我形成を遂げた三人の朝鮮女性にとって、民族主義とフェミニズムは対立・矛盾したものであり、植民地下での彼女たちの生は屈折し挫折していくと、植民地支配の暴力を指摘した。[26]

以後、植民地支配と女性をめぐる研究は進展を見せ今日にまで至っている。[27] すなわち女性史研究は、「戦争責任」という視点を一国史的視野から脱却させることによって、植民地における戦争責任、そして植民地責任という視点・方法におのずからたどりついたと言うことができる。そしてこうした研究を、先の永原陽子の定義に従えば「植民地責任」論と呼ぶことに異論はないであろう。

植民地責任の固有性

ここでは女性の「植民地責任」、特に日本女性の「植民地責任」を解明する場合に、筆者が考えていることを述べたい。

第一に、男性と女性の相違を確認する必要がある。当時日本女性には政治参加の権利はなかった。この点は植民地支配を遂行した指導者、また植民地支配を遂行した指導者を選んだ男性とは決定的に異なる点である。しかしその反面、女性も大日本帝国の公民（臣民）であり、公民として戦争に協力し植民地支配に加担した。このことはまぎれもない事実である。

第二に、一人ひとりの女性が「植民地責任」について同じ重さの罪を背負っていると言えるのかという問題を考えなくてはならない。筆者はエリート女性（知識人女性。この場合高等女学校以上の教育を受け、成人した女性を想定している）と、いわゆる庶民女性（小学校程度の教育歴しかない。圧倒的多数は農民）や、成人前女性の罪の重さは同じではないと考えている。エリート女性は、植民地支配の旗振りをし、積極的に支配を推し進める行動のリーダーとなった場合が多い。それに比べて庶民女性や成人前女性は、無知ゆえにそれに従って行動し植民地支配に加担したという構図がある。この点で両者の責任の重さは異なるだろう。エリート女性・庶民女性・成人前女性はそれぞれに固有な責任を背負っていると言うことができる。[*28]この固有な責任の中身を歴史資料に即して、文学作品の助けを借りて、あるいは手記やインタビューを通して明らかにしていくことが、女性の「植民地責任」研究の課題となる。

エリート女性がどのような論理で植民地支配に加担していくのかについては、前述したように研究成果が生まれている。ただ植民地に渡り植民者としてそこで暮らした女性、あるいは植民地で生まれ育った植民者二世については広い空白部分が残されている。彼女たちが植民者としてどのように生活し、どのような意識を持ち、被植民者に対してどのように接し、どのようなまなざしを向けていたかを明らかにする必要がある。管見の限りでは、女性教師に関する研究は開始されているが、女性団体や植民者の日常生活に関する研究は緒についたにすぎない。植民者としてそこに暮らすこと自体が植民地支配を支えていた。こう考えるならば、まさに植民者の生活そのものを明らかにすることが重要である。

在朝日本人女性研究のなかでの本書の位置

在朝日本人に関する研究は、木村健二『在朝日本人の社会史』（未來社、一九八九年）によって先鞭がつけられ、一九九〇年代に盛んになった。[*29]在朝日本人研究すべてに言及することは筆者の能力を超えるので、ここでは在朝日本人女性研究を概観しながら本書の位置を述べたい。前述したように石井智恵美、咲本和子、田端かやらによって在朝日本人女性に関する研究が開始されていたが、最近までの研究は大きく三つの方面で進められている。

一つは、在朝日本人女性の多様な位相を民族・ジェンダー・階級を変数として明らかにするもので、分析対象はさまざまである。クォン・スギン（권 숙인）は、被植民者である朝鮮人と朝鮮に渡ってきた日本人との出会いと植民地主義の形成[30]、植民者の学校文化[31]、朝鮮に渡ってきた一人の芸者の生涯[32]、雑誌の女性関係記事にあらわれた在朝日本人女性の姿[33]などを明らかにした。ソン・ヘギョン（송 혜경）は、雑誌記事・文学にあらわれる、家庭から逸脱した「韓妻」という存在を取り上げ[34]、また一九一五年に開催された家庭博覧会を素材にして、植民権力が統治に家庭を利用し、植民地主義形成を促したことを明らかにした[35]。

二つ目は、在朝日本人女性の引揚げ体験に焦点を当てた研究である。イ・ヨンシク（이 연식）は、日本人女性の朝鮮からの引揚げ体験を、女性と地域という変数を設定して描いた[36]。

三つ目は、女性植民者二世に焦点を当てた研究である。梶村秀樹・尹健次《ユンコンチャ》は、女性植民者二世である森崎和江について、植民者としての自己を「完全に否定」したのちに「自己の再生」を見出したとする[37]。内田じゅんは、女性に限定はしないが家族と学校に焦点を当てて植民地での植民者二世の日常を明らかにした[38]。クォン・スギンは、日本人女性が植民地朝鮮で経験した近代化のかたちを「恩恵」と「制約」に焦点を当てて解明した[39]。オ・ソンスク（오 성숙）は、植民者として朝鮮で育った「朝鮮っ児」「朝鮮娘」のアイデンティティを分析している[40]。ソン・ヘギョンは、堀内純子という一人の女性植民者二世の作品を素材に、植民地での経験と記憶について明らかにしている[41]。以上が三つの動向である。

筆者は、植民地朝鮮で組織された愛国婦人会についての一連の研究で、植民統治には女性の力が不可欠だったことを、在朝日本人女性を組織した有力官製婦人団体の分析を通して解明してきた。[*42] 植民地というものを支配の構造から明らかにしたいと考えたからである。また、これと並行して、女性植民者二世の研究を進めてきた。植民地女学校の一つである京城第一公立高等女学校同窓生へのアンケートをもとにして、植民者二世の目に植民地での生活はどのように映っていたのか、[*43] また、女性植民者二世のアイデンティティ形成について考察した。[*44] 個人の経験を通して植民地を照射するという方法である。在朝女性植民者の位相を明らかにし、在朝女性植民者二世の実相に迫ろうとする前述の研究と軌を一にするものである。

さらに筆者がもう一つ明らかにしたのは、女性植民者二世はどのような過程を経て内面化した植民地主義を克服し解体しようとするのかという点である。女性植民者二世が植民地主義をどのように克服するかについては、前述のように森崎和江・堀内純子が言及されるにとどまっている。より多くの事例を発掘し、それを通して克服・解体の道筋の多様性を明らかにしたいと考えている。この課題について筆者は、インフォーマントの一人である堀内純子が、植民地経験を反芻しながら戦後どのように植民地主義と向き合い、克服しようとしたかについて、彼女の作品を通して考察した。[*45] 前述したソン・ヘギョンの研究はこれと重なる。さらに植民者二世である京城第一公立高等女学校同窓生へのアンケート・インタビューを素材にして、植民地主義の内面化の過程と、敗戦・引揚げを経て彼女たちが内なる植民地主義にどのように向き合い、克服しようとしたかを描き出した。[*46]

本書は三つ目の研究動向に位置し、女性植民者二世の植民地での生活を明らかにし、さらに女性植民者二世が植民地主義をいかに克服・解体するのかを解明しようとするものである。

女性植民者の経験から植民地を照射する

植民地支配の研究は膨大になされており、制度、機構、文化、教育など多方面からの接近が可能である。植民地権力による装置がいかに張り巡らされ、その構造のなかで生きる植民者と被植民者の関係が抑圧・被抑圧では単純に片付けられないものであったことも明らかにされてきた。[*47] それを踏まえつつ本書では、植民地の生活はその地で暮らした植民者にとってどのようなものであったのか、植民地は、あるいは被植民者は、植民者の目にどのように映っていたのかを、個人の経験から読み解いてみたい。個人の経験とは個別的なものであるが、その経験は全体史と個人史の結節点である。「個別的なものを全体的なものの諸契機の特殊な統合」ととらえ、「歴史的全体性を個別的なもののあり方を通して把握する」という方法[*48]に学ぶならば、こうした試みは重要であると考える。

では、個人の経験、植民地経験はどのように知ることができるのか。素材としては、回想・手記・インタビュー記録などさまざまなものがある。本書では、植民地に暮らした女性たちに対して行ったアンケートとインタビュー、そして彼女たちの著作を素材とする。こうした素材を歴史資料として使うことには、一次史料ではないという点から批判があるだろう。しかし、男性に比して文字資料を残す機会が圧倒的に少なかった（奪われていた）女性の経験を明らかにするには、このような方法が有効であり、オーラルヒストリー研究のなかで確認されてきている。[*49]

当事者の語りをどのように解釈すべきかに関して、体験と経験の区別については、「経験は、主体が体験を「反省的に統合化して、回顧的に意味を付与する媒介」によって成り立つ」とする立場がある。[*50]こうした「外界に働きかける登場人物の行為がともなわれて物語が編成されている」「経験的語り」をオーラルヒストリーが対象とすべきという指摘[*51]には示唆されることが多い。インタビューに応じてくださったインフォーマントの方々も、植民地での体験を経験として語ってくださった。その声を受けとめ、植民地での体験が個々のインフォーマントにとってどのような意味を持ったのかを踏まえながら、植民地での生活を明らかにしたい。

植民者〜引揚者——植民地主義解体の可能性

本書のもう一つの方法は、植民地経験を当事者が戦後どのようにとらえ返していくのかを、植民者の引揚げから現在という長いスパンを追うことによって明らかにすることである。植民地での体験は、日本帝国の崩壊によって断たれる。植民地支配の歴史はここでとぎれるわけだが、植民者たちはその体験を反芻しながら戦後を生きていくのである。支配の歴史は終わってもインフォーマントたちの植民者としての精神史は終わらない。前述したように、このことをインタビューのなかで筆者は痛感した。

満洲からの引揚者のインタビューを重ねてきた蘭《あららぎ》信三が、「むしろその後の人生で彼らはそのような体験をどのように解釈し意味づけ、人生の経験としてきたかがポイントである」「そのような多様な歴史的体験を経た庶民がどのようにその困難を生き抜き、その体験を自らの人生のなかでどのように経験として濾過しているか、すなわち庶民は歴史的な体験をいかに歴史として経験し、人生を生き抜いているかを明らかとすることが重要だ」と指摘していることには鋭い示唆がある。[*52]

インフォーマントが植民地での体験にいかに向き合ってきたのか、アンケートやインタビュー、また彼女らが記した著作から浮かび上がる、その断片をつなげ、読み解くことによって、植民者の戦後はどのようなものであり、戦後の生を生きるなかで自らの内なる植民地主義をどのように自覚し、自省し、解体してゆくのかを探りたい。インフォーマントのなかには、自らの植民地での体験とその意味を次世代に伝えたいと著作をなす者もいる。それらは単に「植民地での生活は幸せだった」で終わるものではなく、個人の植民地責任を見つめるものだと言える。戦後の国際政治のなかで、日本の植民地責任を問う声がかき消されていき、日本国家・社会は、その責任を自覚し反省し謝罪することを行ってこなかった。[*53] 植民地支配を反省してこなかった日本国家・社会に対して、異議を投げかけていく植民者たちの、自省的語りという行為が持つ意味は決して小さくないと考える。[*54] こうしたインフォーマントの存在は社会を変えていこうとする力を持つものである。

インフォーマントは二二名である。アンケート回答者とインタビュー実施者については表1、2に示した。また京城第一公立高等女学校の同窓会誌『白楊』[*55]には同窓生の植民地経験が語られているので、適宜これで補うことにする。

出生地（日本内地）	朝鮮の場合	引揚げ
福岡県八女市大渕村		闇船
	京城府雲泥洞	釜山
	京城府明治町	釜山
	京城府明治町	北朝鮮
	京城府若草町71番地	不明
佐賀県		すでに内地で生活
	京城	すでに内地で生活
	京城泉町	中国旅順から
	北朝鮮，黄海道，開城	釜山
	京城府旭町３丁目６番地	釜山
	京城府黄金町	釜山
	京城府旭町	すでに内地で生活
	京城	不明
	京城府黄金町一丁目	不明
	京城府本町２丁目１番地	鎮海
北海道札幌市		釜山
	京畿道京城仁義町61	釜山
	京城明治町２丁目32番地	鎮海
	大邱市	闇船
	京城府蛤洞22番地	鎮海
	大邱市	闇船

表1　アンケート回答者一覧

	名前	回生	生年月		在校時期	使用人の有無
1	A	24	1915	2月	1927.4－1932.3	○
2	B	28	1918	6月	1931.4－1936.3	○
3	C	31	1921	11月	1934.4－1939.3	○
4	D	32	1922	12月	1935.4－1940.3	○
5	E	33	1923	5月	1936.4－1941.3	×
6	F	33	1923	10月	1936.4－1941.3	○
7	G	33	1923	10月	1936.4－1941.3	○
8	H	34	1924	5月	1937.4－1942.3	○
9	I	34	1924	4月	1937.4－1942.3	○
10	J	34	1923	10月	1937.4－1942.3	○
11	K	35	1925	7月	1938.4－1943.3	×
12	L	35	1925	11月	1938.4－1940.3	○
13	M	35	1925	12月	1938.4－1943.3	○
14	N	35	1925	9月	1938.4－1943.3	○
15	O	35	1925	12月	1938.4－1943.3	○
16	P	35	1926	3月	1938.4－1943.3	×
17	Q	36	1926	1月	1939.4－1944.3	○
18	R	36	1925	8月	1939.4－1944.3	○
19	S	37(A)	1927	12月	1940.4－1944.3	×
20	T	37(B)	1929	2月	1941.4－1945.3	×
21	U	38	1930	1月	1942.4－1945.9	×

注）37（A）は1940年入学，1945年３月卒業（ただし４年卒で上級学校へ進学可となった）。

37（B）は1941年入学，戦時下の特別措置で1945年３月に繰り上げ卒業となった。

38も戦時下の特別措置で1945年９月に繰り上げ卒業となった。

C・D，S・Uは姉妹である。

使用人の有無	インタビュー実施日	備考
○	2010.6.28	小１のとき朝鮮の祖父母に引き取られる。京城普通小の教師が来て朝鮮語を教えるクラスがあった。朝鮮神宮参拝はなかった。
○	2010.8.24	釜山で8.15を迎える。
○	2010.5.23	この学年まで４年次から英語科と家庭科に分かれる。朝鮮神宮参拝始まる。「皇国臣民ノ誓詞」唱和を記憶。婚約者戦死。
○	2009.11.22	遺骨出迎え。軍服修理。咸興高等女学校教師として8.15を迎える。愛国班を記憶。
○	2010.3.30	白衣を縫う。敗戦前に内地に戻る。
○	2011.11.5	講堂に集まり慰問袋作成。愛国子女団発足式を記憶（1937.12.21『東亜日報』記事あり）。辻校長赴任し，中間体操開始。34回生から陸軍将校の講演を聞いて３名が従軍看護婦となる。旅順で8.15。⇒大連⇒舞鶴へ引揚げ。
○	2009.11.23	「皇国臣民ノ誓詞」唱和を記憶。軍服修理。34回生から３名が従軍看護婦となる。
○	2009.8.23	34回生から３名が従軍看護婦となる。
×	2008.4.28／2009.10.4	高女の授業料月７円（家賃が月37円）。35回生より勤労奉仕始まる。修学旅行も勤労奉仕となる。1942.3.31梶山校長赴任。この頃より中間体操なくなる。京城～仁川40キロ行軍。
○	2008.9.13	「皇国臣民ノ誓詞」唱和を記憶。1940.4より内地の高等女学校へ転校。
○	2011.6.18	
×	2009.7.12	小学生時に朝鮮へ。愛国班を記憶。
○	2008.11.29	釜山から引揚げ。
○	2009.6.14	
○	2010.1.24	
×	2009.5.24	梶山校長による玉振り。学則変更により４年で卒業。1942～フレアースカート。1943～もんぺ。４年で卒業し上級学校へ。

表2　インタビュー実施者一覧

仮名		回生	生年月日	在校時期	卒業後～敗戦まで
1	A	24	1915.2	1927.4－1932.3	官立京城師範学校女子演習科⇒小学校訓導⇒結婚後も教師
2	B	28	1918..6	1931.4－1936.3	啓星女学院⇒洋裁学校⇒総督府逓信局電気課⇒三井物産
3	C	31	1921.11	1934.4－1939.3	朝鮮米国倉庫(株)総務課
4	D	32	1922.12	1935.4－1940.3	梨花女子専門学校文科⇒国民総力朝鮮連盟⇒結婚⇒咸興高等女学校教師
5	G	33	1923.10	1936.4－1941.3	女子学習院高等科文科
6	H	34	1924.5	1937.4－1942.3	清和女塾⇒京城医学専門学校医化学教室副手⇒結婚
7	I	34	1924.4	1937.4－1942.3	清和女塾⇒女子通信隊（軍属）
8	J	34	1923.10	1937.4－1942.3	鴨緑江水電⇒結婚
9	K	35	1925.7	1938.4－1943.3	清和女塾⇒朝鮮総督府官房人事課で会計の仕事。給与54円⇒58円
10	L	35	1925.11	1938.4－1940.3	日本女子大学校国語科
11	O	35	1925.12	1938.4－1943.3	彰徳高女研究科⇒海軍武官府
12	P	35	1926.3	1938.4－1943.3	東京家政学院⇒町内会⇒陸軍偕行社
13	V	35	1926.3	1938.4－1943.3	東京女子大学
14	Q	36	1926.1	1939.4－1944.3	総督府中央試験所電気化学部雇員。給与19円。飛行機の材料となるアルミナ分析を行う。
15	R	36	1925.8	1939.4－1944.3	陸軍造兵廠。給与30～40円くらい。
16	S	37（A）	1927.12	1940.4－1944.3	京城女子医学専門学校

注）Vは，インタビューのみ実施した。

第1章　朝鮮での暮らし

1　親世代はどのようにして朝鮮に渡ったか

日本人は明治初年代から朝鮮へ移住するようになっていた。韓国併合の前年一九〇九年には、男性七万九九四七人、女性六万六二〇〇人の居住が確認されている。[*1] 併合後、在朝日本人は増加の一途をたどり、一九四二年にピークに達している。男性三八万五三二五人、女性三六万七四九八人、総数七五万二八二三人となっていた。[*2]

では本書に登場するインフォーマントは、どのような経緯のもとに朝鮮で生を受け、あるいは子ども時代に朝鮮に渡ったのだろうか。筆者が知りえた範囲でそれを記してみたい。

まず祖父の代から朝鮮に住んでいたのは三名である。

J氏の祖父は宮崎県の串間町（現在の串間市）で領主をしていた。西南戦争で西郷方につき、「西郷さんは、やはり一〇代の子たちが死んではいかん、逃げろということ」で、祖父は宮崎に戻った。しかし武士という階級もなくなり、「あんな田舎では何もできない」と、数名で釜山に渡ったという。「日清戦争の頃にはもう京城に行っている」。その連れ合いとなった祖母も鹿児島の士族の家系で、「士族の娘だから懐剣を持って磯船で朝鮮海峡を渡った」という。父の代には一家は広大な土地を所有する地主となっていた。

K氏の祖父は博多出身、「福岡、博多で外人向けの洋品店をしていたらしい」「祖父は商売が合っていなかったのではないかと思うのですけれど、知人の保証人になって、その知人が破産すると全部保証人が責任をとらなければならなくて、破産してしまいました」。こうして商売に失敗したことから朝鮮に渡ることになった。親族も朝鮮に渡っていたという。父は朝鮮総督府の役人だった。また物心がついた頃実の母を亡くし、のちに来た継母は産婆資格を持っていた。

Q氏の祖父は総督府役人として朝鮮に渡った。父は建築請負業を手広くやっていた。母も「一〇歳のときに祖父に連れられて渡った」という。

多いのは父の代から朝鮮に住んだ一一名である。

B氏の父は李王職[*3]勤務の姉の誘いで朝鮮に渡った。「うちの伯母が李王朝に勤めていたものですから、官吏の人が住んでいたところらしいの。そこを父が買って、そこで私は生まれました」と語る。

C氏・D氏姉妹の母は広島出身で、京城にいる姉の誘いで朝鮮に渡った。「母は看護婦の資格を持っていましたから、総督府の医務室みたいなところがありますでしょう。そこにいたらしいのですね。それで父が総督府に勤めていたもので、その医務室で知り合って結婚しました」と二人は語っている。

G氏の父は朝鮮総督府勤務となり、母と結婚して朝鮮に渡った。「父が朝鮮総督府に勤務して結婚と同時に京城に赴任したのです」「そこの道庁所在地にたびたび転勤しました」。

H氏の父は群馬師範学校を卒業後、教師として朝鮮に渡った。母も教師だった。

I氏は、父が秋田県で警察官をしていたが、一九一九年の三・一独立運動が起こり、その鎮圧のために朝鮮に渡ったとおぼろげながら聞いたという。「秋田で、警察官で。大正九年頃〔実際は八年〕に、独立運動が朝鮮でありましたよね」「その独立運動の鎮圧のために、日本の警官が北鮮《ママ》に渡ったというのを聞いたことがあるのです」「はっきりわからないのです。父もそういう話を詳しくしたくなかったのではないでしょうか」と語る。父は開城の警察署長を経て京城の永登浦の署長となり、その後民間会社に移る。

L氏の父は新潟県出身、朝鮮総督府に招聘され、「結婚して朝鮮に渡ったのが一九〇四年」。のちに京城帝国大学の教授となる。

O氏の父は埼玉県秩父出身で、「今の銀座。昔の木挽町」の呉服屋だった。「父は郷里が埼玉県の秩父です。秩父銘仙の。それで呉服というか日本の着物を朝鮮半島にも広げようと夢がいっぱいあったのですね」「生糸のほうです」。秩父銘仙を朝鮮に広める商売をしようと京城にやって来て支店を開いた。「はじめは銘仙が主でしたが、でも父は銘仙だけではなくて、京呉服も仕入れて呉服屋をやりました」。

R氏の父は愛媛出身、「高等科を出て、それから時計〔職人〕の弟子入りをした」。「呉で御礼奉公もして、六年間たってから、すでに父の義理の姉が朝鮮に渡っていたので、父も呼ばれて渡ったのです」。時計商を営み軍の御用商人であった。母は幼いときに親とともに名古屋から朝鮮に渡っている。他の親族も朝鮮に住んでいた。

S氏の父は隠岐島出身で、叔父のつてを頼り、日露戦後に現金収入を求めて浦項へ渡った。そこで漁業組合の職員になり、その後慶尚北道道庁職員となった。その語りに耳を傾けてみよう。

父の話をしますと、隠岐島が本籍で、隠岐島では明治の終わり頃から、それこそ半農半漁の島では、もう生活できなくなってしまったのですね。古老の話を聞くと、明治の始め頃までは、自給自足で税金も取られず、そういう生活だったのですね。ところが、明治の終わり頃の日露戦争が終わった頃から、税金や何かということで非常に現金が必要になって、それで叔母たちは岡山などの製糸工場に行ったりしました。

その頃に、父は男一人だったものですから、何とか〔生活のために〕出稼ぎをしに朝鮮に行ったわけです。父はその頃としては、一番、学歴を積んだわけですね。男の子一人だったものですから、浜田市にあった水産学校を卒業して、朝鮮の浦項に行ったのですね。そこはまだまだ港町で漁業をやっていて、そこの漁業組合の職員になったわけです。

私も詳しいことはわからないのですが、ともかく、その前から隠岐と半島は行き来がいろいろあったわけです。もう行ったり来たりがあって、あそこは、長男以外は土地を継げないので、父の叔父たちは、あちこちに出稼ぎに行ったのですね。それで、四番目の叔父が浦項にいて、そこで何をやったかはわかりませんけれど、怪しげな商売（?）か何かをやって、父が行こうというときは旅館や精米所をやっていたらしいのです。そうです。それを頼って行ったのですね。父は、そこで漁業組合の書記をまずやって、田舎まわりをして、そして漁業の指導や捕れたいろいろな物を蓄える蓄蔵の技術など、水産学校で習ったことを教えていったわけだから、父としては、いろいろな人に教えてやったという気があるわけですね。

そのときに必要に応じて朝鮮語を習って、田舎まわりをしたのですね。どういうわけか役所の人と接触する機会があって、父もそういう意味では、やり手だったのかどうかわかりませんけれど、慶尚北道に就職することになったのですね。

ここには、隠岐島と朝鮮との歴史的なつながり、島の貧しさ、そこから脱出しようと親族のつてで朝鮮に渡った経緯が生き生きと語られている。

V氏の父は佐賀県出身、「父の父が早くに亡くなって、けれど父の学費だけは取ってあって」「それで医者の学校に行く学費はあって、医師にしてもらった」。しかし、「後〔弟妹に〕は全然駄目、してあげる資力が父の母にはなかった」。医師となり、結婚し、弟妹の学費を捻出したいこともあって、「京城の新天地に若い夫婦で行ったのではないですか」。朝鮮に渡り京城で医院〔産婦人科・内科〕を開業した。「だから、〔弟妹たちに対して〕悪かったと思っていたようで、私は何も知らなかったけれども、京城で働いて、ずいぶん後まで妹や弟の面倒をみていたみたい」「今にしてみたら並の覚悟ではなかったのだろうと思いますね」。

内地から朝鮮に渡ったのは三名である。

A氏の父はニコライエフスクで手広く商売をしており、家族で暮らしていた。父以外の家族が長崎に来ているときに、父が尼港事件*4で死亡した。残された兄弟姉妹は親戚に引き取られることになり、小学校に入学する直前に京城にいる母方の祖父母に引き取られた。「非常に数奇な運命なのです」と語る。

P氏の場合は次のような状況だった。「私の父親が事業をしていまして、〔それ以前は〕お役人だったものですから事業が苦手で、一時その事業が思わしくなくなって辞めたことがありました」。その後、知り合いから開城の果樹園関係の仕事を紹介された。「果樹園に対してのいろいろな機材があって、リンゴにかける紙の袋や薬品とか、量りやいろいろな農機具がありますよね。そういうものをやってくれないかと頼まれたらしいのです」。「お友だちからの勧めですし、たいしてそんな難しい事業でもなくて」。こうして小学校四年で朝鮮の開城に渡った。

このように見てくると、当時の日本の政治に翻弄されたり、経済的困窮を脱け出そうとしたり、役人としての就職口を求めたり、商売をしようとしたり、それぞれの動機があることがわかる。それは日本が朝鮮を植民地としたのちに渡った人ばかりではなかった。その移動の大半は、親族や知り合いのつてをたどって行われていた。そしてこの本の主人公たちの多くはこうした両親のもとで生を受けたのである。

2　豊かな暮らし——構造的強者として

植民地での暮らしは総じて豊かだった。それをインフォーマントの語りから見てみよう。

A氏の祖父は安岩里に山を所有していた。なかには栗の木がたくさんある「栗山」があり、一年に一度その栗を取りに行ったと楽しそうに語る。近くに住むチゲクン〔荷負夫〕を雇って、山中の小屋に住まわせて、山番をさせていた。そのチゲクンが一年に一回栗を叺《かます》に入れて持ってきたりしていた。

G氏は遠足について、「バナナとかキャラメルとか持って行きました。高級品のバナナが食べられるので、すごく楽しかったです」と言った。また、小学一年のクリスマスに一家で釜山のホテルに行った。「ボーイさんたちの全員がサンタクロースの格好をしてずらっと迎えてくれました。そして、大きな穴みたいなところがあって、そのなかにプレゼントがいっぱい入っていて、それを釣ったのですよ」と懐かしむ。

前述したように、J氏の家は父の代には広大な土地所有者で、土地を管理する朝鮮人を数人雇っていた。自宅の庭が四〇〇坪もあり、「二～三年に一度、植木屋さんが三～四日もかけて、鋏を入れに来たりして、贅沢でしたね」と語る。洋服も、母と姉と一緒に三越に行って、「おそろいで裁断をしてもらうの。それを母が〔ミシンで〕縫うのです。〔母は〕何をしても器用な人でした」「本町に一流専門店がいっぱいあって、そのなかのナカムラという帽子屋が来て、ワタナベという靴屋が来て、みんな誂えてくれるのです」と、誂え品を身につけていたという。このようにとびきりの贅沢をして育った。

L氏も自ら「赤煉瓦の家」と呼ぶ大きな家で育った。三階建ての家で父の書斎、兄四人の部屋、そして自分の部屋、ベランダ・応接間・食堂・和室・二つのオンドル部屋・女中部屋があった。庭も三〇〇～四〇〇坪あり、「松の木がちょっと洒落たような、そしてここに、築山でもないけれど、ちょっと植木の場所があって」「ベランダの前に藤棚があるのですね、その前に大きな築山があったのです。築山のところに池もあるのです。この庭には栗の木やアンズの木やいろいろな木があって、大きくて高いポプラの木もあった」という。兄はバイオリンを習い、写真を趣味にしていた。

O氏の父はモダンなものが好きで、家にも積極的に取り入れた。「父というのはすごく何でもやりたい人で、新しいことをみんな取り上げる《ママ》人でした。あの頃なのに、家はトイレも水洗でしたし、デパートなどは、三越とか三中井《みなかい》、丁子屋《ちょうじや》は水洗で、個人の家ではうちがトップだったのですよ」。さらに、掃除機、洗濯機も購入した。「それをオモニという女中さんがみんな使っていましたけれども、なかなか使い切れなくて……」。踊りと長唄は小さい頃から習った。「小学校一年生くらいからかしら。小さいから。それで子ども用の三味線を作ってもらったのですよ。小さいときは、子ども用のバチもありました。そこに絵が描いてあったりしてね」。また仁川の月尾島に別荘を持っており、「うちの別荘もお友だちの別荘も何軒かあちこちに点在して、夏休みになると、そこの月尾島で暮らしていたのです。昔は本当にのどかでしたよ」。また、鈴蘭売りについて以下のように話す。「五月と言うと、スズラン、スズランと鈴蘭売りが来ました。もちろんですよ。私がいつも待ちこがれているから、それを知っていて、いつもうちの店の前で停まってくれるのですよ。それでスズラン、スズランと言ってね。うわあ、来たと。それで、お店の人が教えてくれるのですよ。お嬢さん、鈴蘭売りが来ましたよと言ってね」。

R氏も、仁川の海水浴の思い出について、「小学校のときです。みんな商売をしていましたから、子どもがいると邪魔になりますので、仁川などにテントを作って。子どもはみんな追い出されたのです」と語った。

S氏は、「何不自由ないわけですよ」と自分を含めた友人たちの暮らしを語る。父は平官吏だったが、母もちょっとした習い事をするくらいの余裕があった。「酒屋の娘さんのところに行くと、酒蔵に大きな樽があって、それから米蔵がありました。広いお屋敷があって、朝鮮人の女中さんを雇って、いろいろなことをやらせていました」「製氷会社の家に行くと、夏は花氷と言って、花を製氷の缶のなかに入れて、缶のなかに入った花を氷で固めたものが居間に置いてあるのですよ。それで、溶けた水がちゃんと流れるようになっているのですね。そういうものが居間に置いてありました。だから、そこに行くと、お嬢さんだから、みんなワンピースに着替えて遊んでいるわけなのです。私は四六時中、小学校の制服を着ていましたが、何ともなしに一緒に遊んでいましたね」と友人の家に遊びに行ったときの様子を語る。お祭りは楽しみだった。「着飾って、全部、長袖を着せてくれて、頭にかざりを付けて、しごき〔女児の盛装などで、帯の下に巻く飾り〕を垂らして、カッポリ〔ぽっくり下駄〕を履いて、そういうイベントは子どものときは大変楽しみでしたね」。また、年の暮れには餅つき屋を雇って餅をついた。「庭先や玄関先のちょっと広いところで、ご飯を蒸籠で蒸して、蒸したものを石臼にぽんと入れて、三人くらいの人がつくわけです。出来上がったら、玄関先に大きな白い、ついた餅を出して、私たちもそこに並んで、母はその前にちゃんとあんこの玉を作って積んであるのですね。豆を入れるのだったら豆を用意しておくとか、青海苔も用意してあって、そこにぱっとついたお餅を皆でこねて、お餅を作って、もろぶた〔平たい木の箱〕に入れて積んでおくのですね。今と違ってかなり寒いから腐らないのですね」。その平官吏の父が建てた家は、訪ねてくる父の出身地隠岐島の人たちからは、「御殿のような家」と言われた。客間〔書院造り〕・応接間・居間・オンドル部屋・タイル張りの風呂・女中部屋という造りだった。

ほんの一端であるが、植民地朝鮮におけるインフォーマントの記憶は、豊かさに支えられた「幸せな生活」で満ちている。この要因は明らかである。植民地の官吏には加俸があり[*5]、内地よりはるかに高収入を獲得できたからである。自営業であっても、安い人件費で朝鮮人を雇うことができた。これらが豊かさを支えていた。

インフォーマント二〇世帯（姉妹もいるので世帯でカウントした）のうち、一五世帯が一名ないし数名の朝鮮人使用人を雇っていた。なかには使用人頭として日本人を内地から呼んでくる家もあった。Q氏は次のように語る。「お金持ちの人は日本から女中さんを呼ぶのです。私たちみたいに中流か、それ以下の人は朝鮮人を雇うのです。オモニ、オモニと言っていました。給料は安くて八円くらいだと言っていました」「だから、お給料は安かったのですよ。日本人の女中さんの場合は一二円とかです」。

使用人を固有名詞で呼ぶことはほとんどなく、既婚女性をオモニ、未婚女性をキチベと呼んでいた[*6]。なかには「はなちゃん」（I氏）、「ハナヤン」（O氏）などと日本ふうの呼称をつけていた家もあった。このことは、雇い手が朝鮮人使用人を一個の人格と認めていなかったことを物語る。この点についてはのちの章で考察したい。

「植民地は天国だった[*7]」という言葉があるが、インフォーマントの暮らしもまさにそうであったと言うことができる。彼女たちは植民地で構造的強者として豊かな生活を享受していた。

第2章　植民地女学校——京城第一公立高等女学校の沿革[*1]

1　植民地女性の指導者育成

京城第一公立高等女学校の前史にまずふれておく。一八九七年頃、在日本公使・加藤増雄夫人、栄子の主唱で組織された京城婦人会が、一九〇三年同会付属高等女学校を設立し、私的教育機関として活動をしていた。

一九〇八（明治四一）年三月に京城居留民会の議決を経て高等女学校を設立することになり、ただちに校舎建設に着手し四月二〇日に竣成した。四月二五日に入学試験を行い八四名が合格した。第一学年から第四学年までを四学級に編成して翌二六日から始業した。増加しつつある日本人居留民の間で子女の教育要求が高まっており、それに応えたものと言うことができる。五月二三日に開校式を挙行した。「開校式の歌」は以下のとおりである。

開校式の歌

成田　忠良　作詞

一、韓の荒野に植へそめし　撫子草の生ひ先を
いや長かれと祈るなる　今日のむしろのたのしさよ
二、緑は深し南山の　松の緑を仰ぎつつ
かはらぬ色の幾千とせ　根ざしゆるがぬいしづえや
三、流れは清し漢江の　川瀬はるかにのぞみつつ
たへせぬ水の八千代まで　栄へしげらん教え草
四、あはれ今日より春秋の　紅葉のかざし花衣
心の錦かざりつつ　国の栄へをことほがん

式には初代統監伊藤博文が列席した。統監が列席したということは、この女学校に通う女学生に期待したものがあったからである。伊藤の言葉は残されていないが、翌年の『婦女新聞』には以下のように報じられている。

南大門の辺、白衣黒帽の韓人の中を、勢よく往来する京城高女生徒、紫紺の袴に、水色紅色の蝙蝠傘、欲目かは知らぬが、之が未来の京城婦人界の花たるべき、賢母良妻の候補者かと思ふと、頼母しくも亦いぢらしい（八月三十日夜　在京城特設通信員[*2]）。

高女生は「未来の京城婦人界の花」「賢母良妻の候補者」と期待されていたのである。
「居留民の増加するに連れ志望者激増[*3]」となり、一九一〇年には定員を五〇〇名とし、新築校舎へ移転

する。この様子は以下のように報じられた。

京城のみにて五百名の女学生を有する活発発地の日本人団真に意気衝天の有様、可然御推察願上候在外同胞の如何に家族的発展を為しつゝありやもこれにて御判断を乞ふと同時に、今後益々何分の御声援を仰ぎ上候。[*4]

女学生の増加は「在外同胞の」「家族的発展」として歓迎されている。また、校長三浦直《なおし》は、第二回卒業生一九名を送り出す際に、「新しき天地には新しき婦人の活動を期待」すると述べていた。[*5]さらに教育方針について校長にインタビューした記者は次のように書いている。

同校が個別訓練とて、生徒の個人〳〵に就きて、其家庭の状況に応じ、其成績に攷《かんが》へて、特別の教育を施すにも、校長自ら訓練の衝に当り、既往に徴し現在に鑑み、其将来を指導せらるゝが如き、なかなかに価値ある方法と存候。宗主国の子女が、海外数百里の天地に於て母国の国民教育を受け、帝国の霊気に接し候のみならず、剰《あまつさ》へ校長自ら特別訓練の任に当つて、其向ふところを示さるゝなど、誠に喜ばしき話に御座候。[*6]

このように、高女生は「宗主国」日本の海外発展を担う存在として注目され、その役割が期待されていた。

インフォーマントのなかには、母や伯母・叔母が創立期の京城高等女学校に入学したという者がいた。Q、R氏である。T氏の母は第三回生だった。そして娘たちは女学校の先輩である母のもとで育ち、京城高等女学校をめざすことになる。

表３　京城第一公立高等女学校の沿革

年度	事項	備考	世界・日本の情勢
1908（明治41）	３月，京城居留民会の議決を経て高等女学校を設立することとなり，南大門西側城壁内の一地域に校舎の建築に着手し，４月20日に竣成した。４月１日，三浦直が学校長に就任。４月25日，入学試験を実施，84名入学。１学年から４学年を４学級に編成し26日始業。 ５月23日，開校式。伊藤博文列席。	９月５日，在外指定学校職員退隠料及遺族扶助料法第１条により指定された。	
1910（明治43）	２月18日，生徒定員を500名に変更。12月１日，南山町２丁目新築校舎に移転。		８月22日，韓国併合
1911（明治44）	６月２日，補習科設置の件認可。	５月25日，明治天皇の御真影を下賜された。	
1912（明治45）	４月１日，朝鮮公立高等女学校規則によって京城公立高等女学校と改称。	５月20日，朝鮮総督から教育に関する勅語の謄本を下付された。	
1913（大正２）	学則を変更して生徒定員を600名に変更。 ９月19日，学校長三浦直退任，教諭成田忠良が学校長事務取扱となる。		
1914（大正３）	３月12日，教諭成田忠良，学校長に就任。 ３月，学科課程表を変更し補習科を一部と二部に分けた。		第一次世界大戦（～1918）
1915（大正４）		10月18日，大正天皇の御真影を下賜された。	

1916（大正５）	２月，生徒定員を700名に変更。４月，第２学年に１学級を増加して補習科の定員を減少させた。		
1918（大正７）	11月17日，学校長成田忠良死亡し，18日，教諭坪内孝が学校長事務取扱となった。		
1919（大正８）	３月25日，高本千鷹が校長に就任。		3.1独立運動
1920（大正９）	２月，生徒定員を900名に変更。		尼港事件
1921（大正10）	２月，生徒定員を1050名に変更。 ２月23日，学校長高本千鷹が転任，教諭坪内孝が学校長に就任。		
1922（大正11）	２月，生徒定員を1300名に変更。４月１日，貞洞１番地８の新築校舎に移転し，大和町分教場を南山町２丁目の旧校舎に移転。４月，補習科40名を募集。 ５月13日，京城第一公立高等女学校と改称。南山分教場を分離して京城第二公立高等女学校を新設した。 ５月，学則を変更して生徒定員本科800名補習科40名とした。 10月14日，新築校舎落成式を挙行。		
1923（大正12）	11月１日，補習科を廃止して修業年限を５か年とし，生徒定員を850名に変更。		関東大震災 11月，国民精神作興に関する詔書発布
1925（大正14）	３月30日，学校長坪内孝退任，尾形友助が学校長に就任。		

1926（大正15）	12月，学則を変更して夏季休業を短縮して冬季休業を延長した。		
1927（昭和２）	２月28日，学則を変更して1927年度から入学する者に対しては修業年限４か年の課程のみを置くこととし，生徒定員1000名，学級数20に変更した。	制服が制定され，４月，入学生から着用する。	
1928（昭和３）	５月23日，開校20周年記念式を挙行。	９月27日，明治天皇・昭憲皇太后・大正天皇・皇太后の御真影を奉還。 10月11日，昭和天皇・皇后の御真影を下賜された。	
1929（昭和４）	10月８日，特別教室を増築。	11月28日，御真影奉安所を新築。	
1930（昭和５）	２月，修業年限を５か年に変更。 11月１日，学校長尾形友助転任，森田安次郎が学校長に就任。	12月18日，御真影を奉還し同20日新たな御真影を奉戴した。	
1931（昭和６）	９月，運動場を600坪拡張。	『白楊会誌』第27号（７月発行）。	満洲事変
1933（昭和８）	５月23日，開校25周年記念式および展覧会を挙行。		
1934（昭和９）	４月，校庭南側にスタンドを建設。７月，一部増築中の校舎が竣成。		
1936（昭和11）	３月31日，学校長森田安次郎転任，野々村修嬴《しゅうえい》が学校長に就任。		
1937（昭和12）	３月27日，学科課程一部変更の件が許可された。 ３月31日，学校長野々村修嬴転任，辻董重が学校長に就任。	「中間体操」始まる。 12月23日，愛国子女団発足。	日中戦争
1938（昭和13）	４月，朝鮮教育令改正により学則を変更。 ５月22，23日，開校30周年記念式を挙行。 11月26日，防空演習視察のため南次郎総督来校。		

1939（昭和14）	11月10日，紀元2600年奉祝式挙行。	朝鮮の女学生とお茶の会。 ９月９日，青少年学徒に賜りたる勅語謄本を下付された。	
1940（昭和15）		８月，徒歩通学「歩け運動」開始。	
1941（昭和16）	４月，学校敷地500坪を拡張。７月，水泳場を建設。	６月10日，４年生200名田植え手伝い（『京城日報』６月11日）。 ９月より「歩け運動」範囲を２キロ以内に緩和。	太平洋戦争
1942（昭和17）	３月31日，辻董重学校長退任，梶原梅次郎が学校長に就任。	「玉振り」。 この年の入学生から制服はなくなり，統一された女学生服（フレアースカート）となった。白い線は胸につける。年半ばからスカート禁止。胸当て付きもんぺを着用し，防空頭巾を肩から提げる。白っぽい服は禁止。内地への修学旅行廃止，扶余への勤労動員となる。	
1943（昭和18）	３月27日，高等女学校規程が改正された（４年修了で進学可能となる）。英語は選択科目となり，事実上廃止。	もんぺ着用となった。 ５年になると学徒勤労動員で配属され授業はなし。ただし進学クラスを１組作った。この年のみ。	
1944（昭和19）	４月７日，学校長梶原梅次郎転任，石川頼彦学校長に就任。第２学期から学校の内外で生徒の勤労動員作業を開始。	「雲母剝ぎ」世代。	

1945（昭和20）	3月20日，第37回卒業式を挙行し，第5学年修了者198名とともに修業年限の臨時短縮により第4学年修了者229名が卒業。 4月以降も主として勤労動員作業に従事し，正規の授業は上級生が1週数時間，下級生が1日2時間程度しか行われなかった。 8月15日，正午玉音放送を聞く。 8月17日から当局の指示によって授業および動員作業を停止し，生徒は登校せず，職員は出勤執務し，学校としての教育活動は事実上終わった。 9月2日，1945年7月15日に本校第4学年に在学した生徒229名が1945年9月2日付で卒業した。これを第38回卒業生とする。 9月11日，本校の事務所を京城第二公立高等女学校の一教室に移転した。校舎は米軍に接収された。 9月18日，本校の事務所を学校長官舎に移転。在校生徒の学籍簿と執務用の重要書類用具のみ持ち出した。 10月5日，石川学校長から京城府学務課長に一切の事務引継ぎをし，校地校舎備品校具学籍簿等を京城府に引渡し本校の歴史は幕を閉じた。		8.15玉音放送
1946（昭和21）	5月31日，1946年勅令第287号によって，学校長他職員一同は退官した。		

出所）「母校の沿革」白楊会『白楊会会員名簿創立100周年記念』2008年，4－6頁。アンケート・インタビューより作成。

一九一〇年八月二二日には、韓国併合に関する条約が締結され、八月二九日に施行された。朝鮮は名実ともに日本の植民地となった。一〇月二日に行われた京城高等女学校と南大門小学校の連合運動会には、朝鮮総督夫人・寺内多喜子、その令嬢、児玉源太郎伯爵夫妻が参観し、多喜子夫人は五〇円を寄付した。この様子は、「夫人が《ママ》公に私に、京城の天地に力を伸ばさるゝ段、最大の愉快を以て観察し且つその御成功を祈る」[*7]と報じられた。婦人の進出が期待されていた。

京城高等女学校は、一九一一年には明治天皇の御真影を下賜されている。また補習科設置の許可を得て、総督府から五〇〇〇円を付与された。[*8] 一九一二年四月一日には朝鮮公立高等女学校規則によって京城公立高等女学校という名称となり、五月二〇日に朝鮮総督から教育に関する勅語の謄本を下付された。朝鮮公立高等女学校規則には次のようにある。

第一条　高等女学校ハ内地人ノ女子ニ須要ナル高等普通教育ヲ為スコトヲ目的トス

第二条　高等女学校ハ居留民団又ハ学校組合ニ於テ設置スルモノトス

（中略）

第七条　高等女学校ニ在リテハ生徒教育上特ニ左ノ事項ニ留意スルヲ要ス

一　貞淑ノ徳ヲ養ヒ同情ニ富ミ勤倹ヲ尚フノ美風ヲ長シ殊ニ言語動作ノ温雅ナラムコトニ注意スヘシ

二　徒ニ多識ヲ求メテ高尚ニ馳セ実用ニ迂遠ニシテ家業ヲ厭忌スルノ弊ニ陥ラサルコトニ注意シ殊ニ主婦トシテ必要ナル事項ハ適切ニ之ヲ授クヘシ

南山校舎時代の記念写真（1915年あるいは1916年春と思われる。『白楊』第58号，2007年10月発行より）

三　体育ハ徳育智育ト相俟テ軒輊《ケンチ》ナカラムコトヲ期シ常ニ之カ奨励ヲ務ムヘシ

「貞淑ノ徳」「勤倹ヲ尚フノ美風」「言語動作ノ温雅」という言葉には、内地で行われていた高等女学校教育と共通する要素が盛り込まれている。内地教育の延長という色彩を確認することができよう。

女学校で学ぶ女学生の「父兄」について、校長三浦直は「植民的人種とか、移住的国民とか名づけるべきもの」と指摘したうえで、子女については以下のように述べて、いわゆる植民地的気質とでもいうものを指摘していた。

> さういふ人の家庭に育った子女は、その気質に於ても、性格に於ても、自ら父兄の感化を受けて居るから、快活とか、淡白とか、小事にコセツカヌとか、いふやうな一種の面白い共通的の或る気風がある。

校訓は教育勅語と戊申詔書を柱とする「清潔、整頓、運動、友愛、恭倹、従順」などの諸徳を掲げるだけでなく、「内地の女学校では用ひられない特別の訓言がある」として、「汝等には新附の同胞を指導する大責任あり」と述べていた。[*9] すなわち、女学生たちは被植民者を指導する存在となることを期待されていたのである。一九一八年に校長を務めていた成田忠良は、京城高女創立一〇周年にあたって同窓会誌上に卒業生について以下のように述べている。

> 本会員も既に七百余名に達した。其の中内地に帰還して居る者は百四十名であるが、京城其他朝鮮に居住する者は五百余名である。又台湾、支那其他に居住する者約六十名ある。先づ日本国中に散布して居るといつても宜しいのである。従つて現在の勢力は未だ社会に認められる程ではないが、将来会員の益々増加するにつれて、朝鮮に於ける婦人界の中堅となり、内地はもとより支那、台湾各新領土に亘つて、広汎なる地域に活動する機運は決して遠くないのである。（中略）京城否朝鮮開発の一面は婦人の力に俟たねばならぬ。諸子がこの大任を果たさねばならぬ時代は来た。[*10]

このように、各領土・地域における「婦人界の中堅」となって、植民地開発という「大任」を果たすことを卒業生に期待していた。

一九三〇年から一九三六年にかけて校長を勤めた森田安次郎も、卒業した同窓生に「第一線に立つ婦人」として「国家に奉仕する」ことを求めていた。[*11] すなわち、植民地朝鮮開発において婦人層の中核を担うことを期待したのである。

京城公立高等女学校の入学者は増加の一途をたどり、定員は一九一三年六〇〇名→一九一六年七〇〇名→一九二〇年九〇〇名→一九二一年一〇五〇名→一九二二年一三〇〇名と増えていく。

校舎全景（『白楊会誌』第36号，1941年12月発行より）

2 女学校教育への批判的まなざし

このように注目を浴びる女学校ゆえに、何か問題が発生すると雑誌でたたかれることもあった。一九一五年には生徒と活動写真弁士の醜聞が報じられ、風儀・品行を貴ぶよう批判されている。[*12] 一九二二年にも坪内孝校長への不信とともに、生徒・その教育・学校の運営に対する批判の記事が掲載されている。

同校生徒は一体にして華美の風習がある。そして生意気である。少くとも其処には先生達自身にも可成り重大な責任がある事を自覚されたい。這般開催されたる音楽会の如き純然たる金儲け主義で施行されたるものと見る可しである。図書館の創設に際しても成算なきものを香具師的に早まるから後で色々な苦痛を舐め又強制的に寄附金を嘆願募集する等の醜態を演ずるに至るのである。今回の事件など本誌に掲載せるは単なる表面の事実に過ぎずして尚その裏面には奈何なる事件が伏在してゐるや計り難きものがある。[*13]

女学生生意気論、堕落論は内地の女学校創始期にも多く見られた。[*14]女性が知識を身につけ自立した思考を持つことに対する恐れから、醜聞にかこつけて出た非難と受け取れる。図書館の創設とは、同窓会白楊会が在校生に、より高い知識を身につけることを願って図書館創設を提案し、それが実現したことである。おそらく資金の一部を集めるべく一九二二年一一月二六日に「白楊会図書館開館記念音楽演奏会」を行ったことへの批判であった。[*15]

坪内校長の教育に対する抱負は、「明治時代の良妻賢母で無く所謂新時代の良妻賢母を造り出さう」ということにあった。その内容は、「女子の生命は裁縫でも無く、料理でも無く、女子のみ出来る育児が女子の生命でそれには今後母としての頭脳を拵へるのが緊要」というものであった。[*16]そのためには、四年で教育を終えるのではなく、五年の修業年限が必要であり、図書館創設もその一環だった。

坪内の考えは、当時内地で検討されていた女学校の修業年限問題と関連していたと考えられ、[*17]女学校教育の刷新を図るものと見える。「母としての頭脳」形成と限定してはいるにせよ、女子により高い知識を授けようとしていた。

これ以後も醜聞報道はあったが、一九二五年三月に坪内が校長を退任することで結着がつけられた。[*18]

話は前後するが、一九二二年五月一三日、生徒数の増大のために学校が分離され、京城第一公立高等女学校と京城第二公立高等女学校として新たなスタートを切ることになった。京城第一公立高等女学校は貞洞一番地八の新築校舎に移転して、学則を変更し生徒定員を八〇〇名・補習科四〇名とした。翌一九二三年には補習科を廃して修業年限を五年とし、定員を八五〇名とした。五年制の高等女学校は、内地において一九二〇年当時、官公私立合わせて三三校で全高等女学校の七パーセントにすぎなかったことからする[*19]と、植民地朝鮮で高い教育がめざされていたことがわかる。

一九二二年には朝鮮総督府令第一〇号高等女学校規程が定められた（四月一日施行）。

第一条　高等女学校ハ女子ニ須要ナル高等普通教育ヲ為スヲ以テ目的トシ特ニ国民道徳ノ養成ニ力メ婦徳ノ涵養ニ留意スヘキモノトス

これは内地において一九二〇年に改正された高等女学校令にならったものであった。京城第一公立高等女学校（以下、第一高女とする）は、一九二七年には定員一〇〇〇名となった。

第3章　少女たちにとっての京城第一公立高等女学校

1　第一高女合格への関門

インフォーマントはどのような気持ちでこの第一高女をめざしたのだろうか。大半が自分の意思で第一高女に進学している。進学するのは当然と思っていたというのが全員の回答である。内地に比較して、ここに植民地の特殊性がある。圧倒的な豊かさに支えられて、小学校から進学しない者はほとんどいないという環境があった。前述のように、一族の女性がすべて第一高女を出ていた（Q、R氏）、あるいは姉妹がそろって第一高女だった（B、C、H、T、V氏）という者もいた。ただし合格は簡単ではなかった。二二名のほとんどが小学校で補習授業を受けていた。早朝の漢字書き取り、放課後の国語・算数、なかにはテストの成績により毎日席順を変えるという指導もあった（I氏）。Q氏は午後六時前に帰宅したことがなかった。また年末年始に家族が旅行に行ったときも自宅で勉強した。このような環境でインフォーマントは懸命に勉強に励んだ。小学校の教師にとっても第一高女に何名を合格させるかは自身の勤務評価に

インフォーマントのO氏が作成した京城第一公立高等女学校の制服を着た紙人形。スカートにほどこされた白線が印象的だった（O氏提供）

直結するものであり、熱が入った模様である。インフォーマントの第一高女入学は一九二七年から一九四二年であるが、一九二〇年代から三〇年代の京城は受験戦争地帯であった。[*1]

一九三一年に南山小学校から入学したある女性は以下のように記している。

> 五年生後半になると進学の準備が始まりました。当時内地人の進学対象になる女子校は第一、第二高女、龍谷高女、女子実業学校の四校しかなく、志望校に入るにはそれなりの競争がありました。（中略）寸暇を惜んで夕方まで御指導がありました。[*2]

補習を経験しなかったのは、開城から受験したP氏、大邱から受験したS氏であり、京城の小学校では補習授業があたりまえであった。

試験は二日間にわたり、一日目は学科試験。二日目は身体検査と口頭試問だったという。V氏は口頭試問で中国の地図を前に、日本軍が占領したところに旗を立てるように言われた。

三五回生の場合、合格者の受験番号と氏名がラジオで読み上げられたという。K氏は自分の名前が呼ばれたとたん、「お母さんが（うれしくて）わっと泣き出した」と記す。[*3] K氏は憧れの目で第一高女生を見ていた。

小学校のとき、毎朝、徳寿宮の塀のあたりで第一高女の生徒と行き会っていてね。制服のスカートに白線が一本入っていて、颯爽と歩いて来るのを見て、女学生になったら、あの制服を着たいなあと、ひそかにあこがれていたのよ。[*4]

第一高女は朝鮮一のエリート女学校であり、一九二七年四月から制定された制服は、箱ひだのジャンパースカート、白ブラウス、襟付きの二つボタンの上衣。スカートのサイドにつく波型のたての白線という独特のデザインによって、少女たちのあこがれのまとであった。朝鮮各地から学業に自信を持ち、向学心の強い少女たちが集まったのである。

2 学園生活

こうしてインフォーマントは第一高女に入学する。クラスは一学年四クラス、松・竹・梅・菊の組名がついていた。毎朝授業前に朝礼があった。その様子をS氏は次のように記している。

学校の一日は朝礼ではじまる。どんな寒い日も例外ではない。体操の教師、本郷先生が、高い鼻の下にある大きい口から出す号令は、やわらかいが実によくとおる。女学校むきだ。クラス毎に整列し、日直が出席簿を先生に届ける。遅刻したものは、通学鞄を校門のわき、下駄箱の上などに置きっぱなしでかけつけなければならない。校長、辻薫重先生の話があり、あと、体操をして終わる。[*5]
また朝礼では歌を歌った。「金剛石・水は器」と校歌である。「金剛石・水は器」は昭憲皇太后が一八八七年華族女学校（のちの女子学習院）に下賜したもので、これに宮内省楽師奥好義《おくよしいさ》が作曲して同年五月に発表され、その後一八九六年に編まれた『新編教育唱歌集』（第四集）に収められたとき、『尋常小学唱歌』五学年用の巻頭に掲載されて一般に歌われるようになった。歌詞は以下のとおりである。

金剛石・水は器

金剛石も、みがかずば　たまの光は　そわざらん。
ひとも、学びて　後《のち》にこそ、まことの徳は　あらわるれ
時計のはりの　たえまなく　めぐるがごとく、ときのまの、
光陰《ひかげ》惜みて　はげみなば、いかなる業か　ならざらん。

水《みず》はうつわに　したがいて、そのさまざまに　なりぬなり。
人は交《まじわ》る　友《とも》により、よきにあしきに　なりぬなり
おのれに優《まさ》る　よき友を　えらびもとめて、もろともに、
こころのこまに　むちうちて、学《まな》びの道《みち》に　すすむべし。

校歌は以下のとおりである。

校　歌

坪内　孝　作詞
大場勇之助　作曲

一、南の山の松かげを　うつして絶えぬ漢江の
清き直きをしるべにて　朝なあさなに集ふなり
二、月に日にけに進みゆく　御代の栄えを仰ぎつつ
正しき道をたがえじと　みがくは己が学と徳
三、あはれまことの乙女子と　いふ名においていそしみつ
すめらみくにのみ光の　光をとはにそえてまし

この二曲は戦後の同窓会の集まりでは必ず歌われ、同窓生の記憶に強く刻まれている。入学した生徒には「生徒手簿」が配布された。一九二一年入学のものからその内容を見てみよう。目次は学訓十条、出欠一覧、生徒心得、学業成績表、職員氏名、身体検査表、年中行事、年中時間表となっている。学訓十条を記す。

学訓十条

一、学習の態度は積極的なれ。真剣で勉強せよ。わからぬことはあくまで問ひ質せ。自学自習は真知に達する近道である。仕事に追はれるな。その日〳〵に予習し復習せよ。

二、時間を活用せよ。ぐづ〳〵して機を外すな。遅刻すな。朝寝、夜ふかしは惰《おこた》りのもとぞ。良く学び良く遊べ。妄念に迷はされあたら時を費すな。分秒の時間にも意外な仕事が出来る。

三、きまりをよくせよ。袴をたゝめ、風呂敷の皺をのせ。下駄をそろへよ。針を数へよ。持ち物には記名せよ。名がないために人に非常な迷惑をかけることがある。何年何組何某と一目見てわかるようにはつきり書いて置け。左側通行を励行せよ。

四、からだを大事にせよ。うるはしき体格を作り長時間の仕事に堪へる体力を養へ。教室でも途上でも姿勢を正しくせよ。健康は幸福の母、なるべく日光に親しめ。常に心を快活にもつて運動につとめよ。

五、家事をつとめよ。家庭のことは女の務である。学科と同じく大切なものと心得、掃除、洗濯、割烹かひぐ〵しく働け。

六、質素倹約を貴べ。衣服持物から学用品に至るまで大切に取扱へ。おごりは身の賊、浮華は国の仇。半紙の紙一寸の糸でも役に立てよ。天より授かつたものは一つでもわれ〳〵のみだりにすべきものではない。

七、人にものを借るな。人のものを使ふことは親しい間でも避けよ。返し後れて不義理になることがある。不自由でも自分のものでなければ使はぬときめよ。

八、礼は丁寧にせよ。容儀を正しくし言葉つかひはやさしくはつきりせよ。立居振舞はしとやかなれ。愛敬の心は礼の本で、人格の基底である。

九、公明正大なれ。信書の往復、夜間の独あるき。そのほか人の疑を招くやうなことは勿論、学校往復の途中みだりに道寄りすな。みだりに人の噂さすな。思はぬ人の名誉を傷つけることがある。

十、義務を遂行するには勇気あれ。当番にあたつてかりそめにも馬鹿らしいと思ふな。人のためには喜んで働け。公徳も共同一致もここから出来る。怒るな。「敵をも愛せよ」といふ心持を味へ。[*6]

勉強に励み、規則正しい生活をせよという大変厳しい内容である。

生徒心得は次のようである。

服装

一、服は筒袖又は半袖、質素を旨とし、華美に流れ又は粗野に失せざるやうにすべし

二、袴には所定の徽章（相引ニ白ノテープヲツック）をつけ登校のときは勿論、其他の外出にもなるべく着けること

三、髪は三四年は束髪、一二年は束髪、お下髪随意、束髪には束髪網をかけ飾りピンは用ひぬこと

四、襟巻、肩掛、手袋、其他の持物はすべて質素堅実なるものを選ぶこと

五、蝙蝠傘は絹張を用ひぬこと

六、通学用履物ハ靴下駄随意、校内用には制規のズック製靴を上下共用とするか、若しくは上履には皮裏草履を用ひ、体操用には地下足袋又は下靴を用ふること

質素ということが強調されている。厳しいきまりではあったが、こうしたなかでも生徒たちは女学校生活を謳歌した。その様子をインフォーマントが再現した授業や行事とのかかわりで見てみよう。

(1) 授業内容

どのような授業が行われていたのかを彼女たちの経験から再現してみよう。

修身は、教育勅語の精神を柱として、淑女として知性と品格ある良妻賢母となること、貞操観念（純潔は命をかけて守る）などを講話される（A氏）。「つまらない時間」（M氏）と話す者もおり、友人が「天孫降臨の話への疑問」を教師に問うたことを記憶している者もいた（S氏）。日中戦争開始以後の一九三八年入学の三五回生からは、戦争への協力、必勝の信念（L氏）、国家に尽くすこと（U氏）などが強調された。ただ個人の受けとめ方には差がある。一〇名は内容をほとんど記憶していない。

国語では、読書を勧められた（K氏）。また常用漢字表が渡され、夏休み・冬休み明けに五〇問一〇〇字の一斉テストがあり、満点者の名前が講堂に掲示された（A氏）。A氏は今でもその常用漢字表を保存していた。習字の時間には、教育勅語を書かされた。一字一句でも間違えるとやり直しとなり大変だった（J氏）。一九四二年入学のU氏は作文の時間に兵隊さんへの慰問文を書かされたという。ある教師は「世界の共通語は日本語になる」と言った（J

体操	計
3	28
3	28
3	28
3	28
3	28

実業	図画	家事	裁縫	音楽	体操	計
1	1	1	4	2	3	32
1	1	1	4	2	3	32
1	1	2	4	1	3	32
1	1	3	4	1	3	32
1	1	4	4	1	3	32

表4　授業編成

1922年高等女学校規程

学科目	修身	国語	外国語	歴史・地理	数学	理科	図画	家事	裁縫	音楽
第１学年	2	6	3	3	2	2	1	0	4	2
第２学年	2	6	3	3	2	2	1	0	4	2
第３学年	2	6	3	2	3	3	1	0	4	1
第４学年	1	5	3	2	3	3	1	2	4	1
第５学年	1	5	3	2	3	3	0	4	4	0

1938年改正高等女学校規程

学科目	修身	公民科	教育	国語	朝鮮語	歴史・地理	外国語	数学	理科
第１学年	2			6	2	3	3	2	2
第２学年	2			6	2	3	3	2	2
第３学年	2			6	1	2	3	3	3
第４学年	1	1	1	5	1	2	2	3	3
第５学年	1	1	1	5	1	2	2	2	3

出所）『高等女学校資料集成』第１巻（法令編）大空社，1990より。

氏)。

歴史は、天孫降臨の神話から説き起こされた(T氏)。天皇中心の皇国史観であった。フランス革命でマリーアントワネットが断首されたところになると、「王妃を断頭台にかけるとは何ごとだ」、「フランス革命でもそういうことは許されない」と烈火のごとく怒る教師がいた(Q氏)。

地理の授業では、朝鮮半島の地図を中心に学習したが、ある教師の「世界の一番はアメリカ合衆国です」という発言を鮮明に記憶している者がいた(B氏)。この発言はもちろん太平洋戦争開始前のことである。教室に大きな中国の地図が貼ってあり、日本軍が占領した地名に日の丸の旗を立てたという(I、J氏)。東洋史の先生が、三国志の物語を、諸葛孔明や劉備と、小説の話を折り込みながら講義したという(S氏)。

外国語は、英語の授業が行われた。外国経験のある教師が発音の基本を指導し、一学期に一度紅白に分かれてスペルマッチがあった(A氏)。一九四三年以降三年次からは随意科目扱いで選択科目となり、事実上廃止となった。ただし上級学校をめざす受験クラスでは補習として実施された。また英語の時間はしばしば勤労奉仕に代えられたという。一九四〇年以後入学して英語を十分に学べなかったことを残念がる者もいる（S氏）。

数学では、代数、幾何が教えられた。

理科では、植物、動物、生理衛生、化学、物理の授業が行われた（S氏）。昆虫採集を行っている。戦時下の一九四二年入学生によれば、「実験は道具・材料不足で不十分」だった（U氏）。

図画では、手本を見ての模写、写生、水彩画などの授業があった。毎年夏には朝鮮美術展覧会（鮮展）を鑑賞に行ったという。「夏の白い帽子をかぶった第一高女生徒の長い列が目にうかびます」とH氏は記す。

家事は、応急手当など衛生看護の知識（T氏）、家計簿のつけ方（S氏）、地下室にある洗濯室での洗濯実習（H氏）、自分の長襦袢を染色する実習（C氏）があり、炊飯・和風総菜作り・洋菓子作りなどを習う割烹（A氏）の授業では、仕上げとしてコース料理を作り、父母を招いておもてなしをした（A、D氏）。まさに結婚後の主婦としての技術・技能を教える科目であった。しかし、戦時下の一九四一年入学のT氏は、「材料がなく料理は作れないのでノートばかり」だったが、「非常時の炊き出し」は習ったという。そして一九四二年入学のU氏はこうした実習は「ほとんどなし」と記している。

裁縫は、五年間通して週に四時間あった。国語（一〜三年は週六時間、四〜五年は週五時間）に次いで多くの時間が割かれた課目である。小物の作成から本裁での長着や単衣・袴・羽織を仕立てる和裁（A、R

氏)、洋裁、手芸、編み物、ミシン実習などがあり種々作品を作った。苦手な者は母親に手伝ってもらい、担当教師から怒られた体験もあるという。一九三七年入学生が五年となる一九四一年からは「材料不足」となる(H、M、T氏)が、そんななかで、一九三八年入学生からはもんぺ縫製が行われ、自ら身につけることとなる。とりわけ皆の記憶に残るのが「早縫い」である。五年次に全員講堂に集合し、あらかじめへらを印した浴衣地と裁縫箱を持って、「用意、始め」の合図で浴衣を縫うのである。習ったとおりに縫い上げるその早さを競った。早い者は二時間半ほどで縫い上げたという。得意・不得意が鮮明になる教科であった。

礼儀作法は、別棟にあった作法室で行われた。煎茶の実習(A、G、J氏)、畳の部屋での立居振舞——襖の開け閉め・畳の歩き方・おじぎの仕方・挨拶の仕方・座布団の勧め方——について教えられた(F、N、I、O、R氏)。言葉づかいについても、人前では両親を父・母と言うこと、便所は御手洗いと言うこと(H氏)などの指導があった。

体操では、さまざまな種目に取り組んだ。たとえばダンス(カドリール、エジプトダンス)、器械体操(平均台、跳び箱)、陸上競技、球技(テニス、卓球、バレーボール、バスケットボール、ドッジボール)、水泳、薙刀《なぎなた》などである。

水泳では大きなプールがある仁川まで行った。一九四一年には校舎にプールが造られるが、これは防火水槽を兼ねていた。朝鮮内の高女との対抗試合もあった。さらに内地で行われる明治神宮国民体育大会(一九四二年・四三年は明治神宮国民錬成大会)もあり選手が出場している。ただし球技は一九四三年からは影をひそめたという（S氏）。スケートは凍った漢江・昌慶園のリンクなどで行われる冬の風物詩で、朝鮮全土での大会もあり高女間での対抗試合も行った（Q氏）。ただしスケート靴は自前であり、靴を持てない少数の生徒は見学を余儀なくされた。薙刀は一九三七年の高等女学校規程の部分改正により「加フルコトヲ得」とされたが、第一高女では早くから取り入れられていた。根岸流の道場を開いていた陣之内鹿雄という講師が担当しており、型を身につけたという。朝鮮神宮に薙刀の所作を奉納した者もいる（D氏）。なかには「薙刀は重くてつらく」という声もある（T氏）。実は薙刀には樫でできた物と、桐でできた物の二種類があった。軽いほうの桐を手にしようとして前の授業が終わると一目散に駈け出した（C氏）という思い出もある。

薙刀の様子は以下のように描写されている。

日ざしが暑かった。広い校庭がただ白かった。ジャンバースカートの下は汗でぐっしょり。流れる汗を拭うことすら御法度。「ヤッ、トー、ハーエイッ」中段のかまえから、型通りに打込む。「ザンシーン」陣ノ《ママ》内先生のお声がきびしかった。八そうの構えから、うしろにさばき下段にかまえながら数歩退き、もとへもどる。「後へ退く時には、必ず相手の目の玉を見て」というのが何時も、陣ノ《ママ》内先生のお言葉だった。[*7]

体操の授業は一九三八年の改正高等女学校規程に記された、「常ニ身体ノ錬成、精神ノ統一ヲ旨トシテ皇国女性タルノ気魄ノ涵養ニ資センコトヲ力ムル」を実践するものだった。戦争が深まるとともに、一九三八年入学生からは教練（分列行進）が加わった（N、T氏）。大きな声を出すように強要されたことを

「大きらい！」と記す者もいる（T氏）。

中間体操。これは体操とは異なるが、一九三七年四月から一九四二年三月まで辻董重校長が在任していた期間に行われた、二五分の休み時間で校舎周辺を数周まわるジョギングである。「ペルシャの市場」の音楽がかかり、高女生が一斉に走り出すのであった（H、K、S氏）。おそらく頑健な身体を作るために導入されたのであろう。しかし、なかには身体が弱く、走るのがつらくてトイレに隠れてサボタージュした者もいた（J氏）。

音楽は、京城では有名な教師大場勇之助[*8]が指導し、インフォーマント全員が記憶にとどめていた。大場は合唱指導に優れており、「ローレライ」「庭の千草」を記憶する者（G氏）、名曲を原語で歌って楽しかったという者（N氏）がいる。ときには山田耕筰・四家文子・高勇吉《こうゆうきち》などを招き生演奏を聞くこともあった（A氏）。またベートーベンの交響曲「運命」の生演奏を記憶する者もいた（J氏[*9]）。

一九三八年の改正高等女学校規程には、「歌曲ハ高尚優雅ニシテ生徒ノ心情ヲ快活醇美ナラシムルモノトシ歌詞ハ成ルベク皇国女性タルノ情操ヲ涵養スルニ適切ナルモノニ就キ之ヲ選ブベシ」とあるが、まさにこれを実践したと言える。一九四一年からは「ドレミファソラシド」が「ハニホヘトイロハ」となって、一九四三年には外国の歌は禁止となり（R氏）、太平洋戦争開始後は軍歌が多くなった（U氏）。

またときには映画鑑賞もあった。引率されて『馬』『綴方教室』を府民館で見たと記憶する者もいる（G氏）。

1943年10月秋，最後の運動会（『白楊』第48号，1997年10月発行より）

(2)学校行事——遠足・運動会・音楽会・修学旅行・卒業生を送る予餞会

教科授業だけでなく、さまざまな学校行事があった。

遠足は時期によって様相が異なる。一九二七年から一九三六年までの入学生は、今日と同様の遠足を体験している。春と秋二回、清涼里・永洞浦・牛耳洞・加古里・水原・貞陵・洗剣亭・三角山・北漢山・冠岳山などの京城近郊の名所へ行っている。しかし一九三七年の入学生からは遠足に行軍が加わった。名所を訪ねる遠足以外に京城〜仁川間四〇キロを、リュックを背負って軍歌を歌いながら歩き通すものであった（H、N、S、T氏）。特に一九三九年入学生からは砂袋または米袋を背負って歩いた（Q、R氏）[*10]。南山小学校の記録は、「〔昭和〕一七年には同じ仁川をめざす第一高等女学校生の砂袋を担いだ早足の隊列としばらく並んで歩いた」と記している。[*11]

ここには日本の戦争遂行体制・戦争の深まりが女学校行事に大きく影を落としている様が見える。ただイ
ンフォーマントによって行軍の受けとめ方はさまざまである。「軍歌を口にしながらでしたので割方つか
れもせず」（N氏）、「おもしろかった」（S氏）という者もあれば、「大変だった」（I氏）という者もいる。
運動会は毎年秋に盛大に行われ、「平素の体育の集大成」を保護者に見せるものであった。徒手体操、
器械体操、ソフトボール対抗戦、ダンス、マスゲーム、薙刀の型、学年リレー、学級対抗のリレーなど多
彩であった。学級対抗のリレーは松・竹・梅・菊のクラス対抗戦だった（A氏）。ダンスで「ダニューブ
（ドナウ）河の漣《さざなみ》」を記憶している者が多い（B、O、Q氏）。ここにも戦争の影がしのびよる。一九三七
年以後の入学生には一九四一～一九四二年頃の運動会に傷病軍人を招待し、日赤看護婦も競技に参加した
という記憶がある。軽傷の軍人は玉入れに参加した（J氏）。その招待した傷病軍人に絵葉書を書いてお
土産に持ち帰ってもらったが、決して自分の名前を書いてはいけないと指示があったという（J氏）。一
九四一年秋には南次郎朝鮮総督も参観に来ている（K氏）。運動会は一九四三年一〇月が最後となった。
音楽会は一九二四年から毎年一一月に開かれた。各学年から選ばれた生徒のピアノ演奏、バイオリン独
奏、ギター独奏、独唱、日本舞踊、合唱などが演じられた（A氏）。また、同じく一九二四年からは内鮮
学生児童連合大音楽会も開催された。このような音楽会が行われていたということは、植民地在住日本人
の生活がいかに豊かであったかを想像させる。ただし皆が皆豊かであったわけではなく、いつも観客で演
奏に加われない生徒も少なからずいた（S氏）。また開催年は定かではないが、「ヒットラー・ユーゲント
の歌」を歌ったと記憶している者もいる（L氏）。第一高女単独の音楽会は一九四一年以後開催されなく

なった（T、S氏）が、内鮮女学校の音楽会は一九四四年まで行われた。

修学旅行は豪華なものだった。一九二五年からは五年生になると内地修学旅行が開始された。[*12] 一九二七年入学生は、二学年で開城へ日帰り、三学年では平壌または金剛山一泊、四学年で満洲の安東県二〜三泊、五学年で内地二週間というものであった（A氏）。しかし一九三一年入学生が四年になる一九三四年には、満洲の安東県二〜三泊旅行は「戦争のため」中止となった（B氏）。一九三四年入学生から一九三七年入学生は四学年金剛山（五泊）、五学年内地二週間であった。一九三七年入学生は四学年金剛山（二〜三泊）、五学年内地一週間から一〇日であった。特に内地への修学旅行は豪華で、年によって違いはあるが、下関に上陸して宮島・京都・伊勢・箱根・鎌倉・東京・日光・奈良・大阪・別府・阿蘇と見てまわり、帰ってくると盛大な報告会が開かれた。

修学旅行は生徒たちの期待も大きく、その費用は一年から積み立てていた。しかし一九三八年入学生が五年になった年、すなわち一九四二年以後は内地への修学旅行は「戦争のために」中止となった。一九三八年入学生はこのことを口惜しがる。その代わりとして、以後、扶余神宮建設協力作業（勤労奉仕二泊三日）が実施されることになった。[*13] 扶余では「土砂運び」などさせられ（V氏）、「寝具が臭くて眠れず一晩は野外で起きていた」という者もいる（Q氏）。しかし、この扶余神宮建設協力作業も一九四四年からはなくなっており、修学旅行の「積立金は献金したように思う」との回答がある（T氏）。内地への修学旅行がなくなったことを残念がるインフォーマントは多い。

卒業生を送る予餞会については、I氏が次のような記憶を書簡に記している。

覚えている思い出としての一つに自作自演の無言劇があります。母校では毎年、卒業生を送る予餞会というのをやってました。卒業の少し前に四年生以下が各クラス毎に演目をきめて発表会をやるのです。私達が三年生の時だったと思います。当時私は学芸委員だったかと思います。で、自作で無言劇をやることになり、タイトルは「床屋さん」。舞台の端で、○○さんがずっとピアノをひいていて、舞台が床屋。学生、オヤジ、おじょうさん等、いろんな人が床屋に来る。床屋は、ボール紙で作った大きなハサミやバリカン等、床屋の道具を大ゲサに使って、散髪に来た人をびっくりさせて会場を沸かせる……という オリジナル。ヒゲを落としてしまって、怒るオジサンとか（始めヒゲをつけて店に来る）いろいろ。私が演出でいろいろ注文をつけている中、「注文つけてばっかり、ずるい、アンタも出なさいよ！」と叱られ、私は一つ考えて、着物を着た粋な芸者が顔を剃ってもらい、最後にパッと白粉を顔中にかけられて、怒りながら白い顔でパッと会場を見て、粋ぶりを大げさに去る……という。「之はどう？」と出演者の皆に話したら、「いいよ、それでいいよ」って事になり、演出もプロデユースもない、出演者になってしまい、母からタテ縞の着物を借りて黒繻子の襟をつけしゃなりしゃなりと舞台に上り、最後にシッカロールか何なのかを顔中にふりかけられ、パッと皆の方を見て舞台を下りる……という、今考えると、よくあんな無茶な寸劇をやったものだと思いますが。会場の卒業生や在校生一同は大笑いとなり、「あの人誰？」と笑い話のネタになったそうです。若気の至りで恥ずかしい限りでしたが、どうせ笑われる寸劇なら大げさにやろうと考えて自作自演でした。他の組もレビューまがいの事をやったり、学校行事では中々のものでしたね。[*14]

クラスで自作自演の寸劇を作り上げる過程が生き生きと語られている。おそらく各クラスで工夫を凝らしたことだろう。

(3) いくつかのエピソード

女学校は、毎日日記を書き、提出することを義務づけていた。日記帳は『日々のあ抱《ゆ》み』と題され、一学年のみは墨で書くよう指示された。しかしインフォーマントは敗戦・引揚げの混乱でこの日記を持ち帰ることは不可能で、敗戦前に帰国した数名もすでに紛失してしまっていた。残念なことである。提出を義務づけたというのは、生徒の生活を管理する目的からであった。提出する『日々のあ抱み』とは別に、T氏は私的日記をつけていたという。

L氏は校長のエス禁止発言を記憶していた。当時の女学校という空間では、同性同士でつきあうという一種同性愛的な関係があった。「その頃は学校内で秘密のエスを造ることが流行っていたので」と述べる同窓生もいる。*15 そのような関係について校長が、声を震わせて今にも殴りかからんばかりに、「誰かそういう奴がいるに違いない」と怒ったことがあったという。「そこまで怒鳴られるとみんな怯えるわね。でも私は五年生にラブレターを出しましたのよ」と語っている（L氏）。

この校長について、J氏は、「軍隊に染まっていて」という感想を持っている。またM氏はある校長について、「生徒には従軍看護婦を勧め、自分の娘には勧めなかった」ことを記憶していた。

Q氏はリーダーとなって教師に対して抗議行動を起こした。ある教師が、授業中私語の多い生徒に対して、「そんなお喋り者の母親は金棒引《かなぼうひ》きだろう」という侮蔑的な発言をした。そして「扶余神宮勤労奉仕の宿舎でも尻を出して寝ていた」などと、女性をおとしめるような言葉を吐いた。また、「もし戦争に負けたら、お前たちは娼婦になるのだ」という発言をしたこともあった。これに抗議し、Q氏をはじめ進学組の五年生を先頭にして、授業をボイコットして作法室に立てこもった。この教師をやめさせるのが目的ではなく、女性を見下す嫌らしい話をやめてもらうことが目的だった。そして全員が事の顚末を『日々のあ抱み』に記し、リーダーのQ氏が校長のところへ持っていき、「先生、読んでください」と提出したという。処分などはなかった。教師のなかにはこのような者もいたが、このときは生徒たちは泣き寝入りをしなかった。

3 「良妻賢母」育成にとどまらぬ教育

このような学園生活は単なる良妻賢母育成にとどまるものだったのだろうか。インフォーマントはどのように感じているのだろうか。

これに関して、第二高女は「お嬢さんらしく」という雰囲気が強く、第一高女は「進取の気象に富む」という雰囲気だったという指摘がある（Q氏）。A氏は、「自分は自分の気持ちをちゃんと通す。だから昔の女性とは違う。私たちもそう思っていましたけれども、それをどういう言葉であらわしていいのかはわからないです」と語った。彼女は卒業後、高等師範学校の女子演習科に進み、小学校（のちに国民学校）

訓導となっている。G氏は、「別にあの頃でも、卒業したらお嫁に行くなんて思っている方は、まだいませんでしたよ」「やはり勉強が盛んでしたからね。女学校時代、第一は特に上のほうだった〈勉強が良くできる〉方ばかりいらっしゃっていましたから」と、エリート校の特徴として勉強熱心だったことを指摘する。I氏は、「私の同期の人で、昭和一七〈一九四二〉年の卒業のときには、すぐに良妻になる人はあまりいませんでしたね。ですから、そういう方が一人や二人はいましたが、ほとんどが進学を」したと語っている。ほかにも、アンケートには「学問的なところ」があった（D氏）、「頑強な身体と個人の確立」を要求された（H氏）、「自立する女性の育成」を感じた（N氏）、「得意科目、技能を伸ばす」（O氏）、「上級学校進学」を推奨する（P、Q氏）という記述が見られる。H氏によれば、「個性が発揮される。まあ、なかには不良と言うと変ですが、良妻賢母の道を外れた感じの人もいたかもしれませんが。わりと自由というのか、個性は〈発揮してかまわない〉。だいたい、外地がそうだったのです。日本の内地に比べて進歩的というのか、あまり型にはめない」ことが多かった。K氏は、「内地より外地のほうが、学力は高かったのではないかと思います」「女子医専〈京城女子医学専門学校〉に入る人も多かったし、東京女子大に行った人もいましたから。だから、自我が強くて」と語る。途中で内地の高等女学校に転校せざるをえなかったL氏は、内地の高女と比較しながら、「みんな開放的な感じがしています。（中略）解放感があるのです。それが本当の解放ではなくても、個人的には生活では解放されるわけです（中略）友達が個性的で生き生きしていたことですね。思春期ですよね、男の子とのつきあいはぜんぜんできないけれども、一人一人がかなりのびのびしているから、つきあっていても楽しいのです。（中略）きわめて元気で、やれ女らしくとか、これはいけないとか、そういうのはなくて、言葉としては誰も言わなかったけれど、個性を持って生きていいという感じですね」と当時をなつかしんだ。内地の高女では良妻賢母という規範に縛られて息苦しかったという。V氏は、「良妻賢母と言っても建前なのですよ。至上命令でそうしないといけないから、科目などでそういうことを教えて。けれど、本当にそれをたたき込もうなどと思う人はいなかったのではないのかと思いますね」と語った。N氏も「良妻賢母型より、女子大への予備軍のほうが強かったかな？と思われます。学校全体の雰囲気でしょう」と記す。S氏は、引揚げ後、奈良女子高等師範学校へ転学してから、第一高女には「精神の自由度があったのだ」と再認識している。

以上の経験からも、第一高女の特徴としていくつかのことが指摘できる。第一に、進取の気性と開放的な雰囲気である。内地の上級学校に進学したV氏は、「大陸育ちはどこか違う」「しとやかさがない」などと言われたという。初代校長の三浦直も前述のように、「快活とか、淡泊とか、小事にコセツカヌ」という生徒に共通する気質があると述べていた。[*16] これは外地育ちの女性の気質として、「性格がノビノビしていて、とくに思ったことを遠慮なく述べ、イエスとノーがはっきりしていること。独立心が強いこと」という祖父江孝男の研究でも裏づけられよう。[*17]

第二に、教育レベルの高さである。内地の地方女学校へ転校したL氏は、「授業のレベルも低いし」「上級学校へ行こうとしても学力がぜんぜんなくて、試験なんか受かるわけがない」と失望した。京城は高い文化水準を誇った植民都市だった。

第三に、第二の点とも関連するが、上級学校への進学率の高さである。親の経済力も関係しているが、インフォーマント二三名中一八名が進学していた。インフォーマントが入学する少し前の時期であるが、第一高女の進学率は一九一七年度九％、一九二三年度一七％であった。[19]インフォーマントが第一高女に通った時期、京城府内における女学校以上卒業者の進学率は二五％である（一九四〇年度・四一年度・四二年度の平均）が、四三年度になると進学率が一三％に低下する。本格的な戦時体制となり、卒業生は進学せずに軍事関連の仕事に就くよう指導されたためである。だが、こうしたなかでも第一高女の進学率は四四年度三一％（就職五七％）と高い数値を示していた。[20]ちなみに第二高女の進学率は一四％（就職六四％）である。植民地のエリート女学校は多数の上級学校進学者を出していた。

当時の高等女学校の教育方針の大枠が良妻賢母の育成であったことは間違いない。しかし同じ高等女学校と言っても、第一高女の教育内容・学校の気風は、内地女学校の良妻賢母を忠実に育成するものとは異なっており、内地より開放的であった。このような植民地女学校という空間のなかでインフォーマントは自我を育んだのである。H氏は、内地を見て帰った兄が、「大学から帰って来て私たちの姿を見て、何もしないでと。内地の女性はもっと淑やかで優しくて、たとえば、赤ちゃんを背負っているのを見たら行って手伝う」と批判的な言葉を発したのを記憶していた。また、「姑がいないから、そういう姿を見ていない。母が姑に仕える姿などを見るチャンスがないですから。わりと自由だったのですね」とも語った。卒業後、清和女塾（一九三三年設立の仏教系民間団体である緑旗連盟が運営していた一年制の学院。在朝日本人二世の女性を対象とした）へ進学したK氏は、日本人の教員から、「あなたたちは、内地生まれの女性に比べると、おしとやかじゃない」と言われ、[21]同じ日本人でも外地で育つのと内地で育つのではこんなふうに見られるのかと感じたという。東京女子大学に進学したV氏によれば、「内地の人は神経が細かい、これが女らしいということなのか、というように思って見ていましたが、逆に言うと、つまらないことをごちゃごちゃと拘るのね。なぜ、そんなことをいつまでも言っているの、と思うこともありましたね。内地で育った方は非常に繊細と言えば繊細で、向こう〔外地〕の人は大雑把で荒っぽいのです」。学生寮で「たまたま、満洲や、台湾、朝鮮にいた、そういう人たちばかりと一緒になった」ときに、寮監から、「あなたたちは潤いもなければ、しとやかさもない」と、ひどい言い方をされたという。V氏は外地育ちの自らを「がさつ」と表現したが、その一方で、「内地のあのねちねちとした感覚」には、「本当に、耐えることができなかった。はっきり言うと陰湿なのね」と語った。一九二〇年代は女学校という空間が何ものにも抑圧されない青春＝娘時代を成立させたという指摘がある。[*22] インフォーマントも第一高女の生活を通して娘時代を謳歌し、自我を育んだ。それは一九二〇年代に限られたものではなく、植民地的気質に基礎づけられたとも言うべきものだった。

4　植民地支配との密接な関係

在朝日本人女学生に高い教育を授ける第一高女であったが、その歴史を見ると植民地支配との関連が浮かび上がる。それを先にふれた内鮮学生児童連合大音楽会から探ってみよう。

一九一九年の三・一独立運動は、それまでの植民地支配に再考を迫り、総督府は文化政治へと舵を切った。「内鮮融和」が唱えられ、在朝の女性団体である愛国婦人会もその実践部隊を務めた。[*23] 女学生もまたその一翼を担うことになる。それが一九二四年から毎年開催された、日本人女学生と朝鮮人女学生の合同音楽会である。初回は一九二四年五月一七・一八日に『大阪朝日新聞』京城支局主催で、「内鮮学生児童連合大音楽会」として行われた。京城市内の八女学校・一一小学校・一九普通学校・幼稚園が参加し、声楽・器楽・舞踊ダンス・内鮮童話・劇・対話唱歌・唱歌・大合唱など、多彩な催しがあった。[*24] 一九二八年からは「内鮮女子中等学校大音楽会」として一一月に開催されるようになった。[*25] この音楽会は好評で、一九三〇年の第七回大会は長谷川町公会堂で行われたが、開場一五分で満員となった。[*26] 満洲事変後の一九三二年の第九回は、「最後に会衆一同起立して千五百人の一団は渾然として「君が代」を合唱」というかたちになり、制服姿で斉唱する第一高女生の写真が掲載されている。[*27] 第一二回（一九三六年）からは、紀元節の二月一一日に開催されるようになり、曲目も「讃へよ皇国」「君が代」合唱など皇国賛美の色彩を強めていく。[*28] 一九三七年の日中戦争開始ののちもますます盛んとなっていった。第一高女は音楽教師大場勇之助を先頭に、全校生徒がここに参加し、一九四一年の一七回には、第一高女の三～五年生から選ばれた合唱団が大場作曲の〝肇国《ちょうこく》〟を合唱している。[*29] この曲は古事記神話をもとにしたもので、第一高女の国語教師秋山喜久が作詞、大場が作曲したものであった。K氏によれば、傷痍軍人が招待され白い服を着て前方客席に座っていた。日中戦争開始後は「内鮮一体」が叫ばれるが、こうした時代の流れに棹さす音楽会に、第一高女や他の女学校は積極的に参加していったのである。この音楽会は一九四四年第二〇回大会まで続けられた。

また、一九二〇年代には「内鮮融和」を実現する一つの手立てとして、朝鮮語の課外学習が実施された。

朝鮮を理解せしめ真の内鮮融和をはかるには先づもつて言語が通ぜねばならぬ鮮人青年の大部は不完全ながら内地語を用ゐるが内地人の青年で朝鮮語を使ひ得るのはほんの僅である、こんなことではといふので京城公立第一、第二の両高等女学校では今年から課外として朝鮮語教授をはじめる、課外であるから勿論希望者のみにやるのだがゆく〳〵はこれを正課とする希望を有してをる、朝鮮の女学校で鮮語の教授はこれをもつて嚆矢とすると。[*30]

また一方で、軍事演習も行われた。一九二五年三月一〇日の陸軍記念日に、朝鮮軍は龍山に駐留している各部隊、京城中学校、龍山中学校、在郷軍人会連合で大演習を行うが、そこに第一・第二高女生徒も参加し、「主として看護勤務の応援」をすることになった。さらに第一高女では当日演習場で薙刀術を行うことになった。[*31]

朝鮮軍司令部への献金も継続して行われた。軍司令部愛国部編纂の『愛国』は以下のように報じている。

京城第一高等女学校通学生は電車代を節約し廊下に備付ある献金箱に入れて集めたる金一一円一〇銭を愛国部に朝鮮防空器材費にと寄託された。同校の献金は之れで九回目で愛国部では此の麗はしき熱誠に感謝して居る。[*32]

女学校生活のなかに次第に植民地支配と戦争が深く入り込むようになっていった。

5　戦時体制への呼応と第一高女の終焉

大方のインフォーマントが第一高女に学んだ時期は、日本が満洲事変を起こし戦時体制に突入していく時期と重なっている。一九三一年の満洲事変についての記憶を持っているのは一九二七年入学のA氏一人であった。

戦時体制への協力は一九三七年七月に日中戦争が始まると顕著になる。出征兵士の見送り、慰問袋作成、慰問文、千人針、戦死者の遺骨お迎えはインフォーマント皆が体験している。そうしたなかで、見送りに行ったが兵士が「貨車につめ込まれてあわれだった」（H氏）、前述したように教室で中国の地図上の占領地に「小さな日の丸をつけ印づけた」（J氏）、入学試験（一九三八年二月）で「中国の占領地の地名を問われ意外な感じを受けた」（K氏）ことなどが記憶に刻まれている。

一九三七年一〇月一日には南次郎朝鮮総督の決裁により「皇国臣民ノ誓詞」が制定された。内容は以下のとおりである。

一、我等ハ皇国臣民ナリ。忠誠以テ君国ニ報ゼン

二、我等皇国臣民ハ、互ニ信愛協力シ、以テ、団結ヲ固クセン

三、我等皇国臣民ハ、忍苦鍛錬、力ヲ養ヒ以テ、皇道ヲ宣揚セン

一九三四年入学者以降は、機会あるごとに誓詞の唱和をした*33（C、I、L、T氏）。一九四二年四月から

梶原梅次郎が校長になると、朝礼の様子が大きく変わる。「朝礼台の上で、眼鏡の奥の眼をカッと見開き、聖戦のあらゆる力を結集せよ！と訓示し」、その後「皇国臣民ノ誓詞」を唱和させ、「右手の握り拳をふりあげて、左下に叩きつけるようにしながら「撃ちてしやまん！」」と三回繰り返す。生徒一同これにならうといった様であった。さらに「玉振り」で精神を統一し浄めさせることが行われた。「手を胸の前で合わせ、掌をややまげて、中に玉を入れた形にする。そのまま指先を下にむけ目をつぶり、姿勢を正す。「玉振り！」の号令で、この腕の肘から下を上下に振り動かす」ということが強要されたという。[*34] T氏は、「皇国臣民ノ誓詞というのは朝鮮人対象に作られたと聞きましたが私たちも毎朝唱和させられました。まったく「上の空」で何の影響も受けませんでした」と言う。

朝鮮神宮参拝が月に一度あった。朝鮮神宮は朝鮮全土に六十余り造られた神社の頂点として、京城の町を見下ろす南山に一九二五年に建立された。祭神は天照大神と明治天皇である。日本は植民地支配の拠り所として朝鮮在住の人々に参拝を求めた。朝鮮総督府が参拝を具体的に強制化するのは、一九三七年九月からで、九月六日、一〇月六日、一一月六日、一二月六日に神社参拝を各学校単位で行うよう要請し、一一月からは愛国日として毎月一日か一五日を選んで行うように要請した。[*35] 第一高女では毎月一日に全生徒が授業開始前の早朝に朝鮮神宮に集合し参拝した。太平洋戦争開始後一九四二年一月に大詔奉戴日が毎月八日と定められてからはその日が参拝日となった。皆当然のことと受けとめていたが、「当然の義務かと思うものの大変だった」（H氏）、「とにかく苦行だった」（S氏）、「ちっとも楽しくなかった」（O氏）、「そうさせられているから、やっているみたいな。あまり深刻には考えていなかったですね」（V氏）、「何と

1943年11月28日，京城護国神社鎮座祭（浦安の舞。38回生ほか。『白楊』第57号，2006年10月発行より）

いうこともなしに、お辞儀しているのですよ。だから、どなたを奉っているとかは、あまり気に留めていませんでした」（K氏）という言葉からは、重大なことと認識していたとは言い難い。C氏は神社の階段の数（三八四段）を記憶していた。

I氏は建築中だった京城護国神社[*36]の社務所に出向いての御霊代《みたましろ》奉仕を命じられている。「戦死した方のお名前を書くという奉仕をする若い女性が、第一高女と第二高女から五人ずつ、選ばれたのです。あれはどういう選び方だったのかは、よくわかりませんが一〇人で、この作業をしたのです」。I氏は、和紙に、小筆で戦死者の階級と氏名を書き写した。「行ったらまず斎戒沐浴をちゃんとして、白い着物と緋色の袴を着て畳の部屋に座って黙ってただ名前を写すのです。それを監督するのが総督府の役人で小柄な方でした。それが五〇日ほどかけて、何千何万の名前があったのか。朝から夕方までかかって、五〇日くらいかかりました」。このことを家族に話すことさえ禁じられた。「家に帰っても、ただ護国神社に奉仕に行くのとしか言えないので、黙って行って。昼食も出されたのですが、それも地元の三坂近辺の婦人会の人が食事を用意して出してくれるのですが、その方たちにも女の子たちが何をしているのかは言いませんし、言ってはいけないのです」「できあがって神様のお祓いをして神殿にお祭りをしたら、これで護国神社ができましたと、朝鮮総督府から総督や司令官やいろいろな人ができあがった式にお祝いに来ますでしょう。そこに私たち女の子たちも端っこに呼ばれました」。

一九三七年一二月二三日には京城第一高女愛国子女団が結成された。[*37] 団員数は内地人(日本人)一〇七三名、朝鮮人六名の在学生であった。愛国子女団とは、愛国婦人会の少女版であり、戦時体制下で愛国婦人会の組織化と歩調をそろえて設置が推奨された。[*38] とはいえH氏によれば、「女学校のときに愛国子女団だとか、発足というのか、そういう襷《たすき》を掛けられて講堂に集まったことはありますけれども。でもそれを下げて外出したりなどせずにね。白の襷に赤字か何かで書いてあったと思うのですが、何もしませんでした」という。また他のインフォーマントは愛国子女団の活動を記憶していなかった。

前述したが、一九三八年には、朝鮮教育令改正により高等女学校規程が改正された(四月一日施行)。

第一条　高等女学校ハ女子ニ須要ナル高等普通教育ヲ施シ特ニ国民道徳ノ涵養、婦徳ノ養成ニ意ヲ用ヒ良妻賢母タルノ資質ヲ得シメ以テ忠良至醇ナル皇国女性ヲ養成スルニ力ムベキモノトス

この改正は、従来別体系で行っていた内地人の教育と朝鮮人の教育を一本化したものであった。そのように見るとき、従来の「国民道徳ノ涵養」「婦徳ノ養成」に加えて「良妻賢母タルノ資質」なる言葉が付

加されたことは、注目に値する。内地の法令において「良妻賢母」という言葉自体は使用されていない。もちろん女子教育、特に高等女学校教育の指針であることは自明であったが明記されていたわけではなかった。初めて明記されたのは日本本土ではなく植民地朝鮮の女子教育においてであった。朝鮮総督府学務局は、「朝鮮ニ於ケル高等女学校教育ノ根本方針ヲ明示シタルモノトス」[*39]と説明している。咲本和子は「植民地朝鮮における「良妻賢母」が「皇国女性」という言葉とともに付加されたことに注目し、「植民地朝鮮における「良妻賢母」は「皇国女性」の必要不可欠な条件とされていたととれる」[*40]と指摘する。

筆者はこの指摘に同意のうえで、なぜ朝鮮で「良妻賢母」を明示したのかという意味をもう一つ付け加えたい。それは朝鮮女性に対してのみならず、在朝日本人女学校生に対しても「良妻賢母」的資質の要請が急がれたのではないかということである。前述したように植民地朝鮮における女学生の生活は、内地におけるよりも相対的に開放的であった。内実として「良妻賢母」を育てていたかというと若干の留保が必要だと思えるのである。さらに踏み込んで言えば、内地のような「良妻賢母」教育が貫徹しない状況があった。植民地育ちの女性が嫁として、家庭の主婦として不適格だという言説があったことについてはすでに指摘がある。[*41]こうした現実があったからこそ、改正高等女学校規程に「良妻賢母」を明記したのではないか。さらに「忠良至醇ナル皇国女性ヲ養成スル」という言葉は、日本女性以上に朝鮮女性に対する意味あいを強く持っていたであろう。

同じく一九三八年以後は、学徒勤労動員に関する施策が決定される。六月一一日に政務総監通牒「学生生徒の勤労奉仕作業実施に関する件」が発され、中等学校以上の学生を学徒勤労報国隊に組織するよう指示、一三日には学徒勤労報国隊実施要綱が発表された。二一日には京畿道内公私立中学校長三五名を集め、学徒勤労報国隊結成ならびに作業具体案を協議。夏休み初日から一〇日間中等学校四学年以上の学生を動員して、男子は土木工事へ、女子は神社清掃・軍用品縫製作業へ動員し、三学年以下は学校周辺でさまざまな作業に従事させると決定された。[*42] これを受けて七月二一日、京畿道中等学校生徒勤労報国隊結成式が朝鮮神宮で行われた。三二校の男女中学生徒六〇〇〇名が参集した。式後、ただちに各校が勤労作業場に向かった。[*43] 女子中等学校一二校は南山一帯の神域清掃を行い、軍用品の補助作業として襦衣《はだぎ》六〇〇〇枚の裁縫を行うことになった。[*44] 第一高女生は一九三八年の夏休みに軍隊のシャツ縫製を行った。[*45] また次のようにも報じられた。

ザアツ……と小刻みの機械音が一本の□□な針の走りから湧くミシンを踏む女生徒のどの顔にも美しい緊張の腺が明るい――冬休みだとて休んではゐられません、第一線では兵隊さん達が血みどろの戦争をなさつてゐらしやるのですもの……と想ひは遠く南へ北へ……二十日京城第一高女の裁縫室では磨かれたミシン台を滑る〝軍役奉仕〟の勤労、乙女達の手で幾つも幾つも素ばしこく積重ねられてゆく□□を前に嬉しい心はミシンの踏み板の上に弾む、皇軍兵士への限りない感□の弾みだ。[*46]

T氏は一九四四年（四年生）の夏に襦衣を縫ったことを日記に記していた。

七月二九日　仕事が遅れてしまったので七時に学校に出る。まだ誰も来ない学校って面白い。えんじゅの花がほろほろ散るだけの涼しい校庭厚くしきつめたその花のじゅうたんを一人じめしてふみちらすのは一寸豪華な遊びだ。おかげで仕事は割りに早く終った。私の縫った袴下〔ズボン下〕、お裁縫のきらいな私が一生懸命で縫った袴下、どこでどんな兵隊さんがつかうのかしら。今日も良い天気。[*47]

前述した出征兵士の見送り・戦死者の遺骨出迎え・慰問文・慰問袋作成・千人針のほかに陸軍病院見舞・軍服修理などが日常的に行われた。ただ慰問袋作成は物資不足で次第に不可能となる（S氏）。修理する大量の軍服は、「あちこち袖が破れたり鍵裂きができたりしたもので、ちゃんと洗ってはあるのですが、トラックにいっぱい」積んで来た。「接ぎ方によって、丸ごとほどいて、破れたそこだけをスポンと切って、こっちの古い傷んだ生地の良い部分を使って、そこに縫い付けるのです。ズボンでもみんなそうです。木綿だから固いし、針は太いし」（J氏）。大量の軍服を上級生と下級生が二人一組となりボタンつけや補修、シャツの襟つけなどを行った（P、V氏）。「私は手で直した憶えがあります」「あて布をしました。その軍服がすごく臭かったのですよ」「みんなで嫌ね、嫌ねと文句ばかり言っていました」（K氏）。この軍服の匂いについて、「ドサッと運び込まれた痛んだ軍服は、洗濯済みであったが一種独特の匂いがあり、この思い出話の時には共通して出て来る語り草である」と記した同窓生もいる。[*48]戦争が泥沼化していくなかで、夏休み・冬休み返上で軍服修理が行われていた。

一九三九年には、集団勤労作業実施に関する件が通牒され、「夏季休業日などへ休暇を利用する以外にも数回行ひ、出欠席点検をして勤勉・怠慢の成績を重視するなど正規教科目に準じて扱ふ」と指示が出された。一九四〇年京畿道では七月二一日から二七日までの一週間、男子校二八校九三四八名、女子校一九校四四二五名を勤労報国隊として組織し勤労奉仕をすることに決定し、一九四一年四月には食料増産挺身隊として公私立中等学校・国民学校生約二二万名を動員することを決定した。一九四一年六月一〇日に第

第一高女生たちの田植え（『京城日報』1941年６月11日夕刊）

一高女四年生二〇〇名が京畿道で田植えを手伝っており、その様子は次のように報じられた。

「苗は三本指をへらのやうに斯う添へて土へ差し込みます、根をいためてはいけません」雨雲は低く垂れて水は潤沢、牛を入れた後の田に乙女たちはきやツきやツと綺麗なソプラノと共に這入つて行く、素足をくすぐる水の感触は「材木の年産額三百五十八万七千二百九十七立法米」と暗記することよりも遥かに大きな生の悦びを与へる、松、竹、梅、菊と二百人を四組に分けところどころ指導格の先生が割り込んで「よーし、次ぎ」「よーし、次ぎ」と見る見るうちに田を覆して植ゑ付けは進む、まるで昨日までやつてゐたやうな、鮮やかな手付きだ、畑に入れれば畑と和し、田に入れば直ちに田と和す大国民の襟度が乙女たちの中には早くも芽生えてゐる。*49

六月二七日には学務局長から「学生生徒の集団勤労作業実施に関する件」が通牒され、各級学校生徒を作業班に組織して年数回三〇日ずつ勤労奉仕させることが決定された。一〇月には、男女中等学校に対し、学校長を中心として教職員と学生全員が一体となり学校総力隊を編成するよう指示があった。このように一九四一年一〇月以後には生徒は完全に総力戦体制に組み込まれることになった。

女学生を看護婦への勧誘も盛んとなった。[*50] 第一高女でも一九三七年入学者からは京城日赤（日本赤十字社朝鮮本部京城赤十字病院）に、看護婦養成のため在学生三名が行くことになった。同期のH、J氏は次のように語る。「講堂で陸軍将校の講演会があったのですね。それで三人とも触発されてというのか、志願しますとなって」（H氏）。J氏の記憶は異なる。「五年生のときに〔一九四一年四月～一九四二年三月、朝礼終了後〕五年生は残るように言われたのですね。何だろうと思っていたら、校長先生が上からの命令で看護婦を三人出すようにと言ってきた、誰か看護婦になってくれと」。一日目、二日目と名乗り出る者はいなかった。毎日五学年が残されて看護婦になるよう言われた。そして三日目か四日目に三人が手をあげたという。

この顚末については『大阪朝日新聞中鮮版』に以下のように報道されていた。

一九四一年暮れのある日、辻校長が五年生一同を前に以下のような話をした。

学校を出て家庭にはいることはもとより女子の本分ではあるが、諸子の生きる道はそれだけに尽きるのではない、男子に代る広汎な職業の分野が貴女たちの前にはひらけてゐる、きくところによると朝鮮の女学校出身者で赤十字看護婦を志願するものはとるに足らぬ数だといふことであるが、これは遺憾に堪へない事実である、皆さんは今後この方面にも進んで挺身すべきである（中略）。ところが、その話の終らぬうちに三つの白い手があがった、「私達は志願します」決然とひゞく声であった。[*51]

H氏とJ氏の記憶は異なっている。H氏は陸軍将校の講演に触発されたと語り、J氏は校長の圧迫と語る。新聞は校長の話が終わる前に志願者が名乗り出たという美談として報じた。真実がどこにあるのか確定できないが、戦時体制の深まりが女学生三名を看護婦へと押し出したことは事実である。

対英米戦の影響により一九四二年七月、高等女学校の英語を随意科目とする臨時的措置の通牒が発せられた。[*52]これにならい、第一高女では同月に英語を随意科目とし毎週三時間以内とすることになった。一九四三年以降は、三年次から選択科目となり、事実上廃止となった。

当時の雰囲気を伝える興味深い出来事がある。第一高女で英語を教えていた谷本秋次が、教え子の一九四〇年入学生S氏に宛て戦後になって送った手紙に、谷本が第一高女を辞職することになった経緯が語られている。

京城第一高女を辞任する近因は、朝鮮軍報道部の特需で半ば徴用的に軍関係の語学軍務に携わっていた時、済州島、木浦、鎮南浦方面で女子挺身隊として若い婦人の徴用、また青年たちの内地軍事工場への強制連行を、私は軍の親しい幹部に自粛することを軽い気持ちで要請しました。結局これが私を誤解させ、反戦非戦論者と目され、教育者にあるまじき非国民的言動者と憲兵隊でマークし、辻校長へ、私の思想言動について厳重注意の示達がありました。私はキリスト教的見地から朝鮮人のみ対象に、戦局好転の犠牲にすることは「内鮮一体」を呼号している総督府の政策に反することに自戒を強く求めたのみでした。

私の身の処理で、累が京城第一高女に及ぶことを危惧し、結局総組替えをする三梅〔三年梅組〕を最後に、まことに本意ないことながら教職を去ることにしました。（中略）私は断腸の思いで教職を棄てました。しかし戦局に協力する仕事に早急に就かねば、私は南方へ派遣される意向との憲兵隊の態度を、極秘に知らせて下さったのが、クラスの○○さんの父君でした。元憲兵隊長だった関係もあり、私に好意的に情報を知らせて下さり便宜をはかって下さったのでした。内地に引き揚げても、教職につくことはできぬので、軍艦建造にフル操業中の川崎重工ＫＫに全くのヒラ社員として入社し、毎日昼夜の空襲下で勤務しました。[*53]

このようにして谷本秋次は第一高女から去った。一九四三年四月一四日『京畿道報』第二一六九号には、「依願免本官」と掲載されている。植民地支配自体を否定しているわけではないが、キリスト教徒としてのささやかなヒューマニズムの発露が一教師の人生を翻弄していく様が見える。生徒にとって一見平和な女学校生活の裏面にはこのような逸話があったのである。ただ生徒たちはこうした深い事情は知る由もなく、「三梅一同は、作法室で先生がおやめになると聞いた時、いかにも唐突で悲しく泣いたことでした。でも戦争で英語が教えられなくなったのだと漠然と考えて」[*54]いたのだった。

一九四三年から女学生の勤労奉仕が本格的に開始された。第一高女生は六月四日、七〜九日の四日間京畿道農務課の肝いりで素砂邑道原蚕種製造所において養蚕実習を行った。第一高女以外に第二高女・淑明高女・龍谷高女も動員された。新聞にはもんぺ姿で桑の葉を摘む女学生たちの写真が掲載された。[*55] 六月一七日からは、同じく素砂邑道農事試験場内で、仁川昭和高女・梨花女子専門学校生らとともに、三日間にわたって麦刈り・田植え・大豆播き・果樹園の袋掛けなどを行った。[*56] 一九四四年四月には、学務局通牒第九二号「学徒動員体制整備に関する件」が公布された。それによれば、女子学校を「可及的に学校設備を工場化して動員することとし、工場作業場へ動員する場合には高学年は通年動員、低学年は適当な作業に従事すること」となった。京畿道ではこの措置に従って一九四四年五月八日に第一回学徒動員が実施された。五月一〇日には、校内工場化の初の試みとして道内一九公私立中等学校で毎日一時間ずつ雲母加工作業をするよう動員令がくだった。[*57]

一九四一年入学生以降は勤労動員として「雲母剥がし」を経験している。飛行機の絶縁体に使用する材料だった。「飛行機の絶縁体に使うとのことで、私たちの仕事ぶりは熟練工以上でした」(T氏)。一九四四年入学生は、自らを「雲母剝ぎ」世代と呼ぶ。一九四四年四月に入学した同窓生はその思い出を以下のように記す。

午前中四時間の授業が終ると、午後は作業——雲母剝し——である。先が三角になって、両側に刃のついた薄い小刀のようなもので、大小さまざまの雲母を薄く剝ぐのである。薄ければ薄い程よく厚さ三、四粍《ミリメートル》のものを、二枚に四枚に八枚にとだんだん二十枚三十枚と薄い蟬の翅のように剝いでゆく。飛行機の絶縁体に使用する大きな雲母がたらなくなり屑になった雲母を今一度薄く剝ぎ、又それを集めて圧縮して、大きくする作業なのである。(北鮮から産出する雲母が重要な軍需品となったわけ)

始めの日には、朝鮮人の女工さんが一クラスに二人配置され、実演後、いろいろと指導してくれた、その時の目にも止まらぬ速さ、さっさっと音をたてて左手の人差し指の上にのせた雲母が剝がれてゆくのを、驚嘆しながら見た。やがて全生徒がこの作業を始めることになり、三角巾で頭を覆い、マスクをつけて本やノートを置いた机の上には、それに代って千代紙などで綺麗に張られた小箱を四ツ程並べ、一番大きいのから、屑でこれ以上剝ぐことの出来ぬものまで、それぞれ分けて入れられた。教壇には大きな箱に、A、B、C屑と書かれて置かれ自分の箱が一杯になると、そこに入れに行った。始めはとても遅く下手であったけれど、一ヵ月二ヵ月と経つうちに手馴れてきた。(中略)

大分皆の腕が上達した頃、全校での雲母剝コンクールが開かれた。その頃は、この雲母剝作業の成績も通信簿の点数に影響するのではないかと、血眼になってやったものだ。「用意、始め」一斉に剝ぎ初め終ると、各自の目方を計って記録され、翌日発表された。(中略)作業の報酬として一日に一個塩味だったが豆大福が支給された。[*58]

動員された女学生がどのように作業に従事したかが、ありありと伝わってくる。

農作業も課された。一九四四年の四月から鷺梁津の明水台農場と西江の実習地(学校農園)で週一回行われた。監督にあたった教師は、下肥の運搬・担架での馬糞運び・炎天下での農作業など生徒はよくやってくれたと回想する。[*59] 同窓生は以下のように記す。

学校農場――これもまた大変な作業だった。竜山線で京城駅から五つ目の西江に学校農場があった。農場行きの日は割りに多くあって、学校から遠い道のりを金華山の麓位《ママ》いに歩いて通ったように思う。

あまり肥沃な土地ではなかったようで、開墾の作業から始まったような気がする。農場の記憶、イコール〝馬糞運び〟というのが、異口同音の第一声だからである。四人一組で担架に積んだ馬糞を、丘の上まで何度も運んだ。堆肥を作るためである。収穫の記憶はあまりない。[*60]

一九四五年三月一八日には、決戦教育措置要綱が出され、国民学校初等科以外の学校は一九四五年四月一日から一九四六年三月三一日まで授業を中止することが決定された。一〜二年生は学校工場で作業し、三年以上は学校で作業する者と工場へ行く者とを前後期で交替することとなった。工場組は新村の製菓工場へ派遣され、キャラメル状の熱食糧（軍の食糧としてキャラメルを固めて銀紙で包んだもの）やビスケット型の携帯食の包装作業にあたった。毎朝京城駅に集合し、特配の塩味の大福餅二個をもらって汽車に乗った。[*61]ある同窓生は次のように記している。

わたしは京城第一公立高等女学校の三年梅組、学校で雲母剝ぎの作業をしていたのはたしか昭和二〇年三月まで四月から新村にあった海軍衣糧廠の製造工場でカンパンとキャラメルの製造へ毎日京城駅から汽車で通っており四月からは一度も学校へ登校したことはありませんでした。私たちは二班に分かれカンパン組とキャラメル組の二つでした。私と〇〇さんは二人で製品を包装する糊をつくる係で五右衛門風呂の底を浅くした様な大きなお鍋で舟を漕ぐ櫂のような棒の板で糊を毎日練っていました。時々糊が飛び跳ねてよく火傷もしました。[*62]

一九四〇年入学生は、五年生のときに午後から日赤病院に出向き看護婦養成の速成教育を受けた。外来・手術・臨床の教育を受けて合格証を受け取り、居住区の警察に提出した。[*63]

このほかにも勤労動員は、乾パン袋（スフ）縫い・壕掘り（校庭のタコ穴掘り）・飛行機を覆い隠す偽装網作成などが課せられた。

一九四二年四月からは、扶余神宮造営のための勤労奉仕が割り当てられた。[*64] このため、それまで行っていた内地への修学旅行が中止となり、一九三八年入学生以降はこの勤労奉仕となったのは前述のとおりである。

勤労動員以外にも戦時体制への呼応が要求された。『京城彙報』によれば、京城軍事後援連盟がとりまとめる皇軍慰問作品に、第一高女は一九三八年一〇月に一〇二五点、一九三九年一月に二九一点、一九三九年八月に八二四点を提供し、それ以外に国防献金・恤兵金や慰問袋を提供している。[*65] 一九三九年には内鮮一体の運動として第一高女生と、朝鮮の女学生との「楽しいお茶会」が開かれた。[*66]

戦時体制強化のために一九四〇年一〇月一六日に、国民総力朝鮮連盟が結成された。この結成を記念する「国民総力の夕」が、一二月一八・一九日の両日開催されたが、第一高女合唱団が出演し、「国民総力の歌」「愛国班の歌」を披露した。[*67] 一九四一年には、「支那事変四周年記念日に捧げる作文」に応募した作品から、第一高女生四名が優秀作品に選ばれ表彰された。[*68]

防空訓練も実施された。一九四一年一〇月五日の体育会で、五年生が実施した「本部の発表する実際に近い想定」に基づいた防空訓練は以下のように報じられた。

校舎の一角に落下した敵の焼夷弾に向ける消火ポンプの筒先からは真摯な愛校心がほとばしる、屋根へ屋根へ梯子にそつてバケツを運ぶ手の確かさは天晴れ未来の家庭防火群長といふところ。[*69]

校庭で防空演習も行われた。南朝鮮総督が視察に来たという。「それが予行練習のときには、みんなダラダラとして不真面目だったので、先生方が心配してね。でも本番のときには素晴らしかった」（H氏）。これが南の「余は満足じゃ」という言葉を引き出したという。「梯子をかけて、バケツリレーをして」「屋根にも、壁にも、何でも水をかけるの」（J氏）。R氏によれば「敵の大将〔ルーズベルト〕の似顔絵を描き水をかけた」。

京城には日中戦争開始直後に京城府防護団が結成された。町会ごとに防護団を結成し、その下に家庭防護（火）組合を結成、空襲に備える体制が整えられた[*70]。一九三八年には町内婦人会が防護演習を行っている[*71]。また、一九三九年九月には六日間にわたり、「中鮮地区防空演習要綱」に基づいて訓練が実施された[*72]。女学生も未来の家庭防護（火）組合の一員として訓練が課せられた。

一九四一年三月三一日に国民学校規程が公布され（翌四月一日施行）、朝鮮語学習が廃止となった。学校・街頭からは朝鮮語が聞かれなくなった。

通学手段も規制される。交通機関を使用する場合、学校から二キロ手前からは徒歩で通うということになった（P氏）[*73]。これも体力養成という意味があった。

一九四二年四月からは男女中等学校の制服が統一され、女子はへちま衿前あき上衣・フレアースカートとなり[*74]、第一高女の〝あこがれ〟の制服は姿を消す。さらに年半ばからスカートは禁止され、胸当て付きもんぺ（サロペットのようなもの）の着用と、綿入れ防空頭巾を肩から提げるよう義務づけられ、また白っぽい衣服は禁止となった（U氏）。一九四三年入学者からはもんぺ着用となった[*75]。

一九四二年入学の同窓生は以下のように記す。

私達三八回生は太平洋戦争に始まり、敗戦によって学窓を追われた嵐の四年間でした。憧れだった制服も決戦下の標準服に変りわずかにフレヤースカートの両脇に白線をつけ、それでも喜びと誇りに胸をふくらませて通学したものでした。その第一の象徴だった白線もいくばくもなくモンペの胸に五、六糎《センチ》の存在を許されるのみとなりました。[*76]

一九四四年には婦人もんぺ着用運動が行われ、着用しない者は官公署・集会所の出入り禁止、電車・バスは乗車拒否と報じられている。[*77] 服装の規制は、内地では一九四〇年に大日本帝国国民服令が公布され、男性は国民服、女性はもんぺとなったが、朝鮮では内地よりは遅れての実施となった。

一九四三年に高等女学校規程が改正され四月一日から施行された。内地の学制改革に呼応して、四年修了で卒業が可能となった。一九三九年入学の生徒は五年になると勤労動員が始まり、授業はほとんどなくなった。そのため進学組というクラスを作り、進学希望の生徒には授業を行った。さらに一九四〇年入学生からは四年の課程を終えると上級学校に進学することができるようになった。

一九四四年三月に卒業する頃には、進学よりも軍関係の就職斡旋が顕著化した。一九四三年卒業のO氏は、当時の様子を次のように語る。「研究科には一年も行っていません。それというのは、そんなところに行っていたら徴用に取られるのですよ。要するに、朝鮮には本当に軍需工場がいっぱいありましたから。もうほとんどの企業が軍需工場と監督工場になっていましたから。女学生はみんな動員されましたよね。そうです。それで女学校時代もやりましたけれども、そんなお嬢様学校〔彰徳高等女学校〕に行っていたら駄目なのですよね。それでともかく海軍の役所に勤めようと思って、海軍武官府に」。一九四四年卒業のQ氏は総督府中央試験所電気化学部に勤務し、R氏は陸軍造兵廠に勤務した。一九四三年一〇月五日に関釜連絡船崑崙丸が撃沈されて以降は、内地との往復に危険が増し、内地の上級学校への進学者は減少したという。

強まる戦時体制が女学校生活を覆っていた。

6　戦争末期――敗戦の予感

第一高女の生活そのものが戦争遂行体制に組み込まれていき、戦争が深まっていくなかで、インフォーマントはこの「聖戦」のゆくえをどのように感じていたのだろうか。すでに小学校訓導となっていたA氏は、「国策に従うのは当然」と思って日々を過ごしていた。

その多数が日本が戦争に負けるとは予想しなかった（C、G、J、P、S、T、U、V氏）。J氏は、「戦況が不利になっても負けるとは思わなかった。最後の一人になっても戦う気持ちで、いよいよ負けると、地球上から大和民族は消える」と思っていた。T氏は、「いつになったら神風が吹くのかなあ」と思っていた。

咸興高等女学校（朝鮮人女学生の学校）教員となっていたD氏は、「是が非でも勝たなくては」と思っていたが、女学生を動員して松根油を採取するための松根掘り[*78]の際に、軍関係者に「こんなに掘ってどれくらい油が採れるのか」と聞くと、「二〜三滴だ」と答えが返ってきた。そのときに「ああもう日本はだめだ」と敗戦を予感した。

日本の勝利を信じられなかった者もいた（E、M、I、O、R氏）。陸軍造兵廠に勤務していたR氏は友人の、「日本はもう負けるよ」という言葉に、「勝つとは思っていなかった」。朝鮮軍司令部内で通信隊員（軍属）[*79]になっていたI氏は、勝ち目はなく、やがて敗戦になることをはっきり予感していた。「八月の原爆投下あたりから、これでは日本が負けるというのはわかってきましたが、負けたらどうなるというところまでは、軍属ですし、考えたくはないですよね。ですから私たちも玉砕することになるのでしょうと噂までして」いたという。海軍武官府に勤務していたO氏は、司令部宛の文書を最初に開封する役割を負っていた。「海軍省発のその文書を私は全部読みましたのでね。もうそれこそ、何これというような沖縄の悲惨事や航空燃料の不足など。そういうことがみんな文書で来ましたから、敗戦はもう知っていました」。沖縄戦の終結、そして新型爆弾（原爆）の投下を知ったとき、口には出せないが敗戦を予感したという。

一九四一年以降入学生の大半は勤労動員に明け暮れ、一九四五年に敗戦＝日本帝国の崩壊を迎える。そして種々の手続きを経て、一〇月五日に京城第一公立高等女学校は三七年間の歴史を閉じた。

一九〇八年の開校から閉学まで歴代校長は一〇名、卒業生総数六〇六五名（一回生から三八回生まで）。在籍生徒数は一年から三年まで七七三名であった。途中転校した者や退学者を除いたとしても、六八三八名の少女たちが第一高女を学び舎としたことになる。

第4章　朝鮮認識・植民地認識——植民地主義はいかに内面化されるか

1　朝鮮人とのコンタクトゾーン

植民地である朝鮮で生活したインフォーマントの目に、朝鮮の人々はどのように映っていたのだろうか。生活するうえでの接点はあったのだろうか。

インフォーマントのなかで、朝鮮人と遊んだ経験がある者は少ない。「遊ぶのは、朝鮮人は朝鮮人ばかり、日本人は日本人とだけでした」（C氏）、「友だちも知人もすべて日本人でした」（T氏）、「第一高女の向こう側に朝鮮人だけの小学校がありました。けれど、そこにあるという感じで別に」（G氏）と語るように、朝鮮人は自らの生活圏とは隔絶した存在として認識する者が多かった。ただ小学校の同じクラスに朝鮮人の女の子がおり、その子の家に遊びに行き、あまりの広大な屋敷に驚いた（両班の娘だった）体験を持つ者がいたが（S氏）、それは例外的である。女学校時代に朝鮮人のクラスメートと親しくした人はいない。そもそも朝鮮人が通う女学校は女子高等普通学校として、日本人が通う女学校とは別にあった。

したがって第一高女に入学するのは朝鮮人社会のなかではきわめて特殊な存在であった。「クラスに二人の貴族〔両班〕の娘とかいう人がいましたが、話したことも覚えていません。孤立していました」（C氏）、「〔朝鮮人は〕クラスに一人なので友人にはなれなかった」（M氏）という。たとえクラスに朝鮮人がいたとしても、日本人女学生にとっては敬して遠ざけるというような関係になりがちだったようである。

とはいえ、朝鮮人と接点を持った者もいた。スケート選手だったQ氏は、「普通のときには壁があったけれども、スケートでは朝鮮人が速かったので、私はむしろ尊敬していて仲が良かったのです。韓国〔朝鮮〕人でスケートをするというのは、ちょっと上のレベルの〔経済的に豊かな〕人たちでした」と語る。スケート競技を通じて他校の朝鮮人学生と友情を育み、戦後も交流を継続させていた。京城師範学校女子演習科に進学したA氏は、同級の朝鮮人女生徒と接触があったが、「どこも良い家庭の人たちで、ぜんぜん私たちは朝鮮人とか言ったりするような差別の意識というものは、こちらの心にはありませんでしたね」と語った。梨花女子専門学校に進学したD氏は、違和感なく朝鮮人学友と学んだという。Q氏の言葉にあらわれているように、いわゆる上流の朝鮮人との限定的なつきあいであったことがわかる。

父母を介しての間接的接触は多い。父の職業関係のつきあいで家に朝鮮の人々が出入りしていたという者（A、R、S氏）、使用人一家と家族ぐるみの親しいつきあいを経験している者（O氏）、新興住宅地で日本人と朝鮮人の雑居地域だったので、電話の呼び出しなどで親しくしていた者（K氏）などである。ただしこうしたつきあいのなかで、「ヨボ」という蔑称を深い意味もわからず使っていた者もいた（V、S氏）[*1]。

2　居住地の分離

植民地に住みながらも彼女たちと朝鮮人との接点は少ない。それは居住地が分離されていたからである。[*2]「家があって、道があって、向こう側が朝鮮人の家でした」（C氏）、「中心街は全部日本人街でした」（J氏）、「それを下ったところが朝鮮の方々の、家というか部落がありました。お店もそのあたりにあるので、時々そこに買い物に行かされたことがあります」（I氏）。「朝鮮人街には行ったことはない」という開城で育ったP氏は、京城に移ってからの様子を次のように語った。「三坂通りというのはわりと日本人が多くて、軍隊が近かったのです」「だから日本人の住宅が多かったです」「韓国の方〔朝鮮人〕の町とはまったく違いました」。またR氏は、「町のなかは日本人ばかりが住む町でしたから、あまり韓国人〔朝鮮人〕は住んでいませんでした」、大邱で育ったS氏は、「はっきり分かれていました。うちの横が道になっていて、そこから一段低くなっていて、朝鮮人の家の屋根が見えました」と語る。

なかには雑居地域に暮らしていた者もいるが、H氏は、雑居地域から日本人のみの地域に引越しをして、母親が「環境が良くなってよかった」と言っていたと記憶する。この母親の意識はそっくりそのまま娘のH氏に受容されている。例外はあるが、朝鮮の人々と接するチャンスそのものが奪われていた。植民者は、周囲と隔絶した世界で、他者の存在を気にとめることなく暮らしていたのである。こうしたことがインフォーマントの視野から朝鮮人の存在を排除していくことになっていた。

さらに、朝鮮人が住む鍾路《しょうろ》は、足を踏み入れてはならない場所として認識されていた。「鍾路というところがあるのです。あのあたりはちょっと恐くて、家の者に行ってはいけませんと言われていました」「それと万歳運動というものもあったのですね。私たちが生まれる前ですが。南山が真っ白くなった。みんな木綿の白い服を着ていたから。そう。万歳、万歳と。そのときには門をしっかりと閉めて、絶対に開けてはいけないという話を聞きました。だから、鍾路なんて、独立運動をする、そういう人たちの集まりやすい場所だったのではないですか」（J氏）。「私は、鍾路方面には不思議なことに何となく行っていないのですね。（中略）やはり誰かに言われたわけではないのですが、何となくあまり行かなかったのです」（K氏）。鍾路は一九一九年の三・一独立運動発祥の地であり、親世代の恐怖の記憶がそこへ行くことを妨げたのである。

居住地分離は、インフォーマントの関心をそらし朝鮮人の存在を見えなくするものであった。S氏は、「〔京城に〕朝鮮人の女学校は他に数校あったが、私はよく知らなかった」と記している。[*3] V氏は、「朝鮮人の暮らしぶりに関心は持たなかったか」との質問に対して、「そこまでの関心がなかったのね。日本人の暮らしは別だと思っていて」と答えた。被植民者である朝鮮人の生活は、自分たちの生活とはかかわりのない、単なる風景としてとらえられている。また雑居地域であっても、植民者（抑圧者）と被植民者（被抑圧者）という認識は見られない。これはインフォーマントがまだ成人前であり、社会への深い洞察をするには幼かったことに原因があるだろう。加えてインフォーマントが豊かな暮らしを享受しており、その生活に満足し、優位にある者の視線で朝鮮人を見ていたこともあるだろう。

朝鮮人社会との分離は意識的になされていたが、それを疑問視することはなかった。平田由美は以下のように指摘する。

植民地における日本人の隔離的集住＝被植民者である住民との住み分けによる空間の分割や、支配言語と被支配言語という言語の分割と植民者のモノリンガルな言語状況は、他者との出会いを困難にするものであったし、皇民化政策は出会うべき他者そのものを抹殺しようとする企て以外のものではなかった。[*4]

朝鮮における植民者＝日本人と被植民者＝朝鮮人は、「原住民の住まう地帯は、コロンの居住地帯を補うものではない。この二つの地帯は対立する。（中略）両地帯は、相互排除の原則に従っている。和解はあり得ず、一方の項は余計なのだ」というフランツ・ファノンの指摘に合致する関係だった。[*5]

3　朝鮮人使用人の存在——従属者として

彼女たちが接した朝鮮人で、一番多いのが使用人だった。インフォーマント二〇世帯中一五世帯が朝鮮人使用人を雇用していた。その使用人とインフォーマントの間にあった関係を垣間見ることができる。H氏は次のように語る。

はじめは、内地から向こうに行くときは親戚を連れて行ったの。後から、落ち着くようになってからは向こうの使用人を使いました。

住み込みも通いもいましたが、ほとんどは住み込みでした。言っては何ですが、手癖が悪いと言うのか。

そう。そしてオモニ〔既婚女性の使用人〕でも日本語の話せる人はあまりいなくて、日本語が話せるとちょっと給料が高かったのです。まあ、ほとんど朝鮮語ですから、身振りで。朝鮮語はできませんから、話したいことがあればね。

あまり会話をすることはありませんでしたが、うちは家族同様という扱いをしていましたから親近感はありましたし、ちょっと持ってというような〔ちょっとした〕依頼もしたことがあったかと思いますが。

正直な人もいれば困った人もいました。まあ、困る人のほうが少なかったでしょうけれど。

H氏は「家族同様」に扱っていたと言いながらも、「手癖が悪い〔盗みをはたらく〕」と、朝鮮人に対する偏見を抱いている。[*6] またほとんど会話はなかったという。

J氏は、使用人に日本語を教えたことがあった。

うちのオモニはいい人でね。日本の文字を教えてくれと言ってね。うちのオモニはインテリでしたね。あちこちで働いているオモニたちが、うちのオモニに読んでもらうために自分たちの手紙を持って来るの。そして返事を代筆してあげるの。

四〇歳代でしょうか。ずいぶん長くいました、五〇歳代になるまで一〇年くらいでしたか。その前には違うオモニもいましたし、鹿児島から来たお歯黒のお祖母さんのときもありました。厳しかったと言っていましたね。オモニは、私の妹が可愛くて、可愛くて。一年に一度くらい何日間か暇をもらって、故郷に帰るのね。一回、そのときに妹を連れて行ったことがあります。

私なんか、お嬢さんはわがままで駄目です。お弁当のおかずがああだ、何がこうだと、○○お嬢様は一言もそんなことを言わないと言っていましたね。

私に教えてくれ〔日本語を〕と、カタカナも。

J氏はオモニに日本語を少し教えたが、「面倒臭い」とやめてしまったという。

L氏は年が近い使用人と「友だち」のように接していたという。

頭《かしら》に一人、朝鮮人の通いの人が一人、住み込みの人が一人いました。まあ、知りあいを通して田舎から来るのでしょうが、必ず絶え間なく来ていましたね。

いいえ、友だちのような感覚です。本〔『赤煉瓦の家』〕に書いたとおり、家族のなかで一番親しい人、特に年齢が若い人はね。親は自分の生活で忙しくて、教育ママでもないし、遊ぶ相手でもないし。見よう見まねですが、炊事は手伝っていましたよ、コロッケを作ると言えば手伝う、そんな感じです。まあ、それでお料理を覚えたのですが。だから、親は遊ぶ人〔相手〕ではないですよね。

友だち、友情関係ですね。歳が一番近くて、同じ屋根の下に住んでいるわけだから。私は友だち関係だと思っていましたね。

L氏は、そのオモニの夫が金を要求しにくる場面も目撃したことがあり、使用人夫婦の関係を垣間見ている。

お金をもらいにやって来たのです。それは確かにあったことです。みすぼらしい格好をして、遠いところから来るのですね。朝鮮人は男尊女卑、儒教の影響でしょうか。必ずしも夫婦関係が良いとは言えないから、杖を振り上げて、大声で怒鳴ったりして、きりもなく、せびるのでしょうね、半分酔っぱらっているから。

O氏の家は商売をしており、店で多くの朝鮮人使用人を使っていた。また私生活でも女性使用人を雇っていた。

はい。ハナヤン。その頃独身女性をあちらではキチベと言っていたのです。キチベさんね。ハナヤンは本当に可愛がってくれました。

オモニが二人。私が小さいときは子守りの人も。

みんな京城近辺に郷里がありますでしょう。そうすると、お祭りとかお正月に家に皆帰るのですよ。私も連れて行ってもらったことがあるし、そのお餅が美味しくてね。何とも言えない、食べた感触とか、美味しいのですよね。あれを今も食べたいと思って、いつもそう思っていました。あまり皆さん、それを知らなかったのですね。

Q氏の家は土木建築業で多くの朝鮮人を雇用していた。私生活でも女性使用人を雇っていた。

お金持ちの人は日本から女中さんを呼ぶのです。私たちみたいに中流か、それ以下の人は朝鮮人を雇うのです。オモニ、オモニと言っていました。給料は安くて八円くらいだと言っていました。だから、お給料は安かったのですよ。日本人の女中さんの場合は一二円とかです。それは、もうちょっと上の人たちです。

そして、〔オモニが〕八円だった賃金を日本人並みの一〇円か一二円に上げてくれと言ったのですが、我が家も八円から一〇円か一二円にはできなかったのですね。

もっと上げてくれということでした。すごく良いオモニで、何でもやってくれたのですけれども、泣く泣く母とも別れて帰って行きました。

また次の人を、安い八円かいくらかで雇いました。母を通して、ですけれども、このオモニは、きれい好きで仕事をよくやってくれると言っていました。でも、私は何か上の感じをしていて〔オモニより自分が偉いと思っていて〕。私は韓国語を真似したりしてちょっと生意気だったと思います。オモニいわく、母のことを、ここの奥さんは非常に良い人、でもお嬢さんたちはみんな生意気で、〇〇ちゃん〔一番下の妹〕だけが可愛い。だから、たぶん、私が最も悪い印象だったのではないですか。オンドルを焚いたり、お風呂を沸かしたり、私も子守りをしましたけれども、オモニの仕事はお掃除とかそういうことですね。

ここでは朝鮮人使用人と日本人使用人との間の給与格差のみならず、Q氏が使用人に対する優越意識を抱いていたことが語られている。使用人は子どもからも従属者として見られていたのである。

V氏の家は医院を開業しており、女性使用人以外に車夫として男性使用人がいた。

家に人力車があって朝鮮人の車夫がいたのです。オモニには、何も感じなかったのですが、車夫がものすごいたくさん食べてと。「混ぜご飯は美味しいですね」と、いくらでも食べてと、そういう冗談というのか、そんな話はしていましたね。

V氏はこのことを、「やはりね、蔑視していたのかなと思うのですが」と語った。朝鮮人車夫が大食漢であることを、差別的なまなざしで見ていた自分自身を思い起こしている。

インフォーマントは従属する存在としての朝鮮人を見ていた。前述したように、使用人を「オモニ（既婚女性）」「キチベ（未婚女性）」と呼び、固有名詞で呼ぶことはない。あるいは既婚女性には「ハルさん」、若い娘に「はなちゃん」「ハナヤン」というような日本ふう呼称をつけることもあった。「オモニの名前なんて知らない」と言う者もいる（J氏）。なかには「オ・キナ」「キョン・スナ」という固有名詞を覚えているインフォーマントがいたが（D氏）、固有名詞で呼ばないことが普通だったのだろう。使用人は一個の人格として扱われていなかったのである。したがって、「オモニとは仲良しだった」（A、J、L氏）、「使用人の家に行きごちそうしてもらった」（A、O氏）、「親切にしてもらった」（A、Q氏）などの経験も、「逆らえない従属関係」によって支えられていたものであった。そしてこれを支配・差別とは感じさせない構造があった。植民地支配の暴力はこのようなかたちで貫徹していたのである。

4　文化・風俗・習慣へのまなざし

朝鮮の文化・風俗・習慣をインフォーマントはどのように見ていたのだろうか。「向こう（朝鮮）にいる間、朝鮮料理という物を食べたことがないのですよ。朝鮮料理のお店はあるのですけれども、連れて行ってもらったことがないのですよ」（O氏）というように、インフォーマントの大半が朝鮮に住みながら朝鮮料理は食べなかったという（ただし、後述するようにキムチは例外だった）。それは日本人が現地の文化・風俗・習慣を蔑視していたからである。その一つが葬式である。「やはり今でも朝鮮の人って、お葬式のときに「アイゴアイゴ」と言って大きい声で大袈裟に泣くのですよね。それで皆が馬鹿にしていたのです」（G氏）。また女性の仕草も蔑視の対象となった。「朝鮮の人は正座をしないです。そうすると、やはり私たちはそういうふうに育っているから、「嫌だ」というふうに言ってしまいましたね。それは仕様がないですね。国民性ですからね。やはり上品には見えないわけですよね。足を立て膝にしますね。そういうところから、私たち、子どもは洗脳されているうえに、そういうものを見るものだから悪いけれども馬鹿にしていましたね」（G氏）。これらは、文化・風俗・習慣の単なる相違が、支配・被支配の権力関係のなかで「遅れている＝非文明的」と映り、蔑視へと転ずる典型的な例である。片や朝鮮人の間では、日本人の履く下駄や、足袋のつま先が割れていることは、「チョッパリ」と言われ、馬鹿にされていた。だが、なかには朝鮮人が礼儀を重んずることに尊敬を感じた者がいる。O氏は「長老を大事に敬い、アボジの前ではタバコも吸わないのにびっくりした」と語っている。

相容れない文化のなかで皆が受け入れたのがキムチ（朝鮮漬け）だった。「姉やのオモニは暮れになると来て、漬けてくれるのです。そうそう。とても美味しいの。本当にキョン・スナのオモニのキムチがね。母も習って、私もそれを見ていて覚えました」（D氏）。「朝鮮漬けの時期になると、私がオモニ、オモニと呼んでいた、そこの方がキムチを漬けてくれました。うちの父は酒飲みでしたけれども、変なおかずなんていらないと言って、後は朝鮮漬けさえあればいい、下手に母の料理などは朝鮮漬けには、とうていかなわなかったです」（P氏）。「キムチだけは、家でみんなオモニが漬けてくれます。家で甕《かめ》にこうやって漬けてくれるので、キムチは本当に大好きでした」（O氏）。「キムチだけは美味しかった」のである。[*7]

5　日本語の強制——あたりまえの風景

B氏は、近所の朝鮮人の子どもと遊んだことがあるが、子どもたちは日本語で話していたので、「私たちは朝鮮語を使うことがなかった」と語る。C氏も、「小学校に入りましたら、学校で朝鮮語は使わせなかったです。だから、みんな日本語がたいていできました。年をとったおじいさんなどはできないですけれども、若い人はみんな日本語でした」と語っている。梨花女子専門学校に進学したD氏は、授業は全部日本語で、生徒も日本語を話すので、「何も不自由はなかった」。朝鮮人に混じって授業を受けていることをごく普通に受け入れて「何も感じなかった」。朝鮮文学という授業があったが、「日本人だから朝鮮語は習わなくてよい」と先生から言われ、出席しなかった。しかし、興味があって朝鮮語を教えてほしいと友人に頼むと、「あなたは習わなくていいわよ、私が日本語を習うのだから」と言われた体験を持っていた。J氏は、朝鮮人も皆日本語を話していたことを「みんな日本人」と語った。K氏は近所の朝鮮人とあたりまえのように日本語で挨拶を交わした記憶を持つ。O氏の家は大きな商家だったが、父も母も朝鮮語は話せなかったけれども使用人がすべて日本語を話せたので「朝鮮語は必要なかった」という。小さな事業をしていたP氏の父も、「朝鮮語をしゃべる必要があまりなかった」と記憶する。R氏は近所の朝鮮人と行き来をしたが、「向こうも日本語で話してくれるので」それがあたりまえだと思っていた。S氏はバスに乗り、朝鮮人の運転手・車掌が日本語で案内するのを疑問なく見ていた。さらに進学した京城女子医学専門学校で、敗戦が近づいた頃、上級生の一人と外科の教授が朝鮮語でひそひそ話をしている場面に出くわし、「嫌だなあ」という気持ちになったという。[*8] V氏は父が医院を開業していたが、「働きに来る人（朝鮮人）もみんな日本語ができた」と話す。

インフォーマントはこのように、被植民者である朝鮮人が日本語を話すことを至極当然と思い、疑問を持つことがなかった。これがあたりまえの風景として受容されたのである。優位にある日本人にとっては、不便を感じない心地よい環境が作り出され、朝鮮人は自分たちとは違うけれど、なぜそういう存在があるのかという問いが立てられることはない。他者の存在は際立たず、覆い隠されたことで、インフォーマントが抑圧的な構造に気づく機会は奪われていた。

6　創氏改名[*9]――疑問を持つことはなく

創氏改名について記憶しているインフォーマントは多い。卒業後、朝鮮人女学生が在学する女学校で教師となったD氏は、創氏改名により、朝鮮人教師の名前は「全部、変わりましたね」「あたりまえと思っていた」と語る。G氏も改名した一人を記憶しているが、「私は子どものようなものですから、そういうものだと思うだけでした」という。H氏は京城医学専門学校に勤めたときに、身近にいた朝鮮人は「みんなが変えました」「何も不思議には思いませんでした」「創氏改名が、民族の何だとか、そういう難しいことを考えたことは、私はない」と、至極当然なことと受けとめていた。Q氏はスケート選手であったが、知り合いの朝鮮人選手が改名したことを記憶する。「あの人、変えたのだわ、あの人は変わらないなという感じでしたね。別に〔名前を〕変えたから、取り上げたからというように、それを政治的には何も思わなかったですね」。R氏は陸軍造兵廠勤務のときに身近にいた朝鮮人が改名したことを記憶する。嫌がっている朝鮮人もいたが、「私たちは関係がないと思っていた」という。

少数だが創氏改名に対して疑問を持った者もいた。K氏は、「創氏改名というのはおかしいと思っていました。ゲン・コウヨウさん〔家に出入りしていた父の部下〕が大山コウヨウとなったのです。それで、おかしいなと思いました。親がそう思っていたからということもありますが」「どうしてそういうことになるのかということは、子どもなのであまり気にはしませんでした」と語る。創氏改名の件は「えっなぜ?」という疑問と、「ひどいことをする……と正直思いました。金さんも金山さんとか」(O氏)。

「何とも思わない」という語りに示されるように、実際に創氏改名をまのあたりにしても大半のインフォーマントは疑問を持つことはなかった。日本語を話している朝鮮人が日本ふうに改名するのは当然という気持ちが働いたことは想像に難くない。創氏改名に対して父親が激しい疑問を持ったインフォーマントはいたが、彼女たちはそのような思考を深めるには幼く、また思考を妨げる植民地支配の構造的な力が働いていた。

7　植民地と認識していたのか——植民地支配の不可視化

朝鮮は植民地だと知っていた者は多数を占める。「はっきりと説明された記憶はないが、育っていくうちに日常生活で悟っていった」（A氏）。母から「「万歳騒ぎ」のことを聞いていたので知っていた」（B氏）。「日本の領地と思っていた」（C氏）。「父がそこの総督府に勤めていたので、日本のことを内地と言っていましたからね」（G氏）。「独立騒動があったのも聞いていますからね。私たちが育った頃はそんな不穏な動きも何もなくて、朝鮮で生まれた私たちにすれば普通のことだと思っていました。仲良くともに暮らしてゆこう」と思っていた（H氏）。「もちろんです。日本が取ってしまったから。うん、うん。そして大きな師団があるし、街も大きくて日本人ばかりですから。李方子〔梨本宮方子。朝鮮王李垠《りぎん》の妃となる〕さまのことや宮家のことも聞いていたから、やはり日本が取ってしまったと。そして、日本ばかりではなくて、マレーシアなんかにしてもそうだし、インドのほうもそうだし、イギリス領だ、なんだといっぱいあるから、当然だと思っていました」（J氏）。「何となく感じていました。やはり、韓国の人と一緒に住んでいるわけですから、何となく差別をしているなという感じがしましたね」（K氏）。「朝鮮は日本の一部と思っていた」（N氏）。「植民地については母から聞いていました」（R氏）。あるいは「植民地ということはわかってはいるのですけれども、だけど日本人ですものね。だから日本だという気持ちしかないのね。だって本当にそう思っていましたもの。京城だって日本が造った町だと。それは事実そう思ったのですけれどね。京城神社はあるし、天照大神をおまつりした朝鮮神宮はあって。ちゃんとお祭りも。京城のお祭りはずいぶん賑やかでしたけれどね。ちゃんと神輿が出て、山車が出てというふうに何ら日本と変わりないというか」（O氏）という声もある。インフォーマントは、植民地と知っていても、その意味を深く考えることはなかった。

ある同窓生は「一度も日本を見たこともなく、朝鮮が日本だと信じ込んでいた」と記す[*10]。植民地だとまったく認識していなかったインフォーマントが三名いる。「国籍は違うが普通の感じで暮らしていた。中国の人も商人や農業をやっていたし、違和感なく暮らしていた」「この人たちは朝鮮の人たちでキムさんだとかイさんだけれども、私たちはここも日本だと思っていました。朝鮮の人々を特にどう……と考えてもいませんでした。違和感はありませんでした」（I氏）。「朝鮮の人たちは日本人と同様に心の通うやさしい人と思っていた」（L氏）。「書くのはつらいのですが、まったく気にしていませんでした。接点がなく、あまり見分けはつかなかった」（T氏）。植民地を植民地と認知しないゆえにこのような認識を持ちえたとも言えるが、強力な植民地支配が植民者をこのように盲目にする現実を見る必要がある。支配の不可視化である。植民地支配の暴力はこのようなかたちでも貫徹していたのである。

8　朝鮮人をどのように見ていたのか

A氏は朝鮮人について、何か根拠があったわけではないが、「周囲の状況から日本人より下に見ていた」と語る。朝鮮人を明らかに見下していた者たちは次のように語る。「下に見ていました。はっきり理由なんかないです。ただ、やはり周囲が皆、大人たちも下に見ているでしょう。それでそうだった、と思うのです」(C氏)。「日本人より下だと思っていた。やはり親や周囲、学校、何となくそういう雰囲気でした。そして何かにつけて、やはり上流はみんな日本人で、韓国人は中流以下のように思っていました」(G氏)。「日本人の手下的存在と感じていた」(U氏)。「〔使用人の〕手癖が悪い〔盗みをはたらく〕と言うのか。時々、母が学校の朝鮮人の小使いさん〔用務員〕を呼んで、ちょっと小言を通訳してもらって、お説教をしていたのは知っています」(H氏)。「本当に小さいときはわからないけれども、何となく自分たちは日本人で、朝鮮人よりはいいのだと思っていました」(Q氏)。「朝鮮人を見たら泥棒と思えというくらいでした。あまり金持ちではない朝鮮人は手癖の悪い人が多かったですね」(R氏)。

差別意識の形成には教育も当然に一役買っていた。「そういう教育で地球上の生きとし生ける生物、そのなかで最高なのは人間である。そして、その人間のなかでも大和民族が一番であると。だから、朝鮮人や支那人はずっと格下で、見下していたのです。〔私の〕家なんて小さい頃から、小作などがいましたからなお見下す傾向があったのかもしれませんが、学校の教育がそうだったのです。支那人のことを「チャンコロ」「チャンコロ」なんて言ってね」(J氏)。

日本人優遇を感じとり、「成長するにつれ、〔朝鮮は〕何か支配されているらしい」(A氏)、「「日韓併《ママ》合」とは言っても常に日本優遇で、朝鮮人が可哀想だと思っていた」(Q氏)と語る者もいる。こうした植民地だと知っていても公平につきあおうと思っていた者もいた。「母が公平な人でどなたとも同じようにつきあっていたので自然に親しみを感じていました」（K氏）。「両親も私も人間を差別することがなかったのでその点は悔いが残りません」（O氏[*11]）。

以上のように植民地支配の不可視化という構造のもとで、インフォーマントは多様な植民地認識・朝鮮人認識を持って生活していた。

9　植民地支配の歪みを見る

少数のインフォーマントは日本帝国の虚構を垣間見ていた。

B氏は、地理・歴史の教師が「世界の一番はアメリカ合衆国です」と言ったことにハッとした記憶を持っていた。ある同窓生は、国史の授業の初回に担当教師が、「ここに書いてあることは嘘だとみんな知ってるんだけど、しなければならないことになっているのでやりましょうか」と発言したことを記憶していた。[*12] S氏は、修身の時間に教師に対して友人が、「天孫降臨の話ですけど、どこまでが神様で、どこからが人間なのですか」と質問したときに、「そういうことは考えてはいけないことになっているし、まったく考える必要はない」という答えが返ってきたという体験を持っていた。

また、植民地支配の差別構造にふれた者もいた。数名は内地へ行ったことが契機となっている。「ただ、びっくりしたのがね、内地に行ったら、それこそ電車の運転手さんから何から何まで皆、日本人でしょう、びっくりしたの。向こうで、そういう仕事というのは朝鮮の人がやることだから」（B氏）。「電車の運転手を含め、全部日本人だったことに、驚いた。外地では、みんな朝鮮の人でしたから」（H氏）。「戸外、外でする労働は朝鮮人がするものだと思っていた」V氏は、「下関で乗り換えて列車に乗るのですが、戸外でひと休みしている労働者が、日本語で話しているのを聞いて、「えっ、ここは日本人がこういう仕事するのね」と。あれがカルチャーショックというか、覚えていますね。はい。朝鮮では、いなかったのですよ。そうなのです。あれはびっくりしました。その記憶はすごく鮮烈でしたね」と語る。内地体験から日本人と朝鮮人の階層関係を垣間見たのである。H氏は内地修学旅行の際、「朝鮮から来た」自分たちに、内地の人が差別的なまなざしを向けたことを屈辱ととらえた。[*13] 内地の日本人が、朝鮮にいる日本人をどのように認識していたかを示すエピソードである。そしてこのことは、H氏が朝鮮人に対する差別意識を抱え込んでいたことをも照らし出す。

植民地支配の亀裂を目にした者もいた。

Q氏は幼いときに朝鮮人使用人の「餅代よこせ」ストライキを見ていた。

私が小学校のときだったか、一二月三一日か、その何日か前か後かわかりませんが、庭に座り込んでストライキと言うのでしょうか、餅がつけないからお金をくれと座っていました。私は母親の後ろから見ていて、お母さん、皆にあげればいいのに、私はお餅をいらないから、あの人たちがお餅をつくお金をあげたらというように、こんなふうにしていたら、母は、それは、なかなかそういうふうにはいかないのですよと話したことが一回あります。

T氏は小学校時代の体験を記している。写生会の児童たちが、寝ていた朝鮮人浮浪者の手を踏んでしまったので、「肩をいからし、はげしい息づかいにマッカリの匂いがする」男が児童の前に立ちはだかり、引率の教師とあわや衝突という瞬間があった。担任の先生が「男に近づき、たどたどしい朝鮮語で」「二こと三こと」話しかけると、男はうなずきながら立ち去ったという。児童たちがそのいきさつを聞くと、先生は、児童たちが知らずに男の手を踏んでしまったこと、「ごめんね」とあやまったことを語り、「あやまるのがあたりまえだろう」と、児童たちにさわやかな笑顔を向けたという。*14

またT氏は、一九四五年夏の敗戦前に秋風嶺駅で目撃した出征兵士と見送りの一団についての記憶を次のように書いている。

その正面に私の車両が停止したとき、思いがけないものを私は目撃してしまった。出征兵士は、朝鮮の青年であった。そして、その背に、髪をふり乱し、両の乳房まであらわにした女が、半狂乱でむしゃぶりついているのであった。

周囲の人びとは、それをひき離そうとしていたが、必死の力には及ばなかった。車掌がかけよって、靴で女の腰をけりとばした。髪をつかんで地面にひき倒した。山中の小駅の停車時間は短かったのである。列車はその兵士ひとりをのみこんで、すぐに発車した。

女は、いまはそのことにすら気づかないようであった。地面を転げ、土をつかんで泣き叫ぶ姿は、赤いカンナの花とともに、たちまち私の視野から消えた。*15

植民地支配の構造にふれ、その亀裂を見た体験は、彼女たちがその後を生きるなかで思考を促す契機となっていく。

第5章　敗戦が始まりだった——認識の転換を促すもの(1)

インフォーマント二二名中、敗戦前に内地へ帰っていた者が三名、また、旅順で敗戦を迎えた一名がいる。ここでは植民地朝鮮での敗戦について焦点をしぼるため、これ以外の一八名の敗戦経験を見ていく。また同窓会誌『白楊』の記事により適宜補足したい。

1　不穏な気配と大極旗

安養旭国民学校に勤務していたA氏は、敗戦の直前から不穏な空気を感じていた。「何か朝鮮人たちが大道闊歩するというか、羽振りよく歩いているような、一斉に女の人が朝鮮服になって皆チマチョゴリを着て、何か違うのですよね。異様な感じでした」と語る。そのようななかで、夫の職場である始興軍務予備訓練所の朝鮮人職員たちが、「しょっちゅう家に出入りしまして、飲食したりして主人が饗したのですけれど、仲良くしてくれたものですから、まわりの人や村の人たち、変な人たちが近寄らなかったですね。守ってくれていたようです」と、朝鮮人との良い関係を築いてきたことで助けられ、子守りとして雇っていた娘の父兄も心配して来てくれたという。また敗戦後、一度京城へ出向いたときに銃声を耳にし、不安を感じていた。

太平に住んでいたJ氏のもとに、京城の映画会社勤務の夫が、汽車の切符をやっとのことで入手して、夜汽車でやって来たのが八月一五日の早朝だった。そこへ朝七時頃に重大放送が正午にあるという知らせが来た。J氏は放送を聞き取れなかった。「ガー、ガー鳴っていたけれど、主人は男だから、戦争に負けた、帰るぞと」「迎えに来たかたちになったの。〔夫が〕いなかったらもう、きっと赤ん坊を連れて死んでいたと思うのね。そして、明日の朝一番で帰るぞ、荷物はみんな置いていけと、何も持たないで」。玉音放送ののち、しばらくしてから外に出たら、「見たことのない旗」が軒下に翻っていた。大極旗だった。そのときの気持ちを、「あれほど、憲兵やら特高やら怖い人たちが目を光らせているのに、どこでこの旗を作って、どうやってみんな隠していたのか。考えたら怖くなりましたね」「朝鮮人が日本人に隠れて、見たこともないこんな旗をどこでと思って」と語る。この出来事を通して、朝鮮民族の強固な独立の思いに初めてふれたと言えよう。一六日に満員の始発列車に窓から乗り込み、平壌まで行き、平壌から京城まで戻った。この直後三八度線が閉鎖されたという。

2 静寂そして歓喜を目の前にして

八月一五日午前一一時頃、咸鏡南道の道庁へ当該地域の学校長全員が呼ばれ、戦争が終わると告げられた。咸興高等女学校の教員となっていたD氏は、正午の玉音放送を学校で聞いた。その後の様子を次のように語る。「それをみんなで聞いたら、ぱあっ、ぱあっとみんな〔朝鮮人教員たち〕が朝鮮語を話しだしたのです」「そう。本当にびっくりしました。それまでは日本語だけで話していたのに、ぺらぺらと朝鮮語を話して。その人たちはもう早くから知っていたようですね」。その後学校は閉鎖となり、「職員室から私物を持って帰って、もうそれっきり」だった。敗戦の報を待っていたように、同僚の朝鮮人たちが奪われていた母国語を話しだす。朝鮮人にとっては解放の瞬間が訪れたことがわかる。日本人が支配者から転落していく様子をD氏は感じ取ったに違いない。

京城女子医学専門学校に進んでいたS氏は、炎天下で玉音放送を聞いた。そのときの様子を次のように記している。

八月一五日は晴れあがった暑い日だった。その日重大放送があるというので、炎天下の校庭に整列した。頭をたれて聞いた放送は、天皇の声であるとはわかったが、内容は不鮮明で、わずかに「しのびがたきをしのび……」と聞きとれたのみであった。その調子から、戦争が終わったということはわかった。私は別に涙も出なかったが、一瞬、校庭にただよった静寂に胸をつかれた。ショックで虚脱した感じがあった。〔中略〕何をどう考えたらよいのか、日本内地に引揚げることになるのか、どんな未来があるのか、皆、別れ、別れになるのだ。私たちは医学を続けようという意志だけは持っていた。とにかく、在学証明書だけはもらっておこう。学校の事務で手続きして、在学証明書を受取ると、直ちに帰宅した。

朝鮮人クラスメートは大ぴらに胸を張って朝鮮語をしゃべりはじめた。この人たちはこの日、大極旗をもって、解放のよろこびの旗行列に参加したそうである。帰宅の途中の光景は、強烈な印象となって残っている。敦岩町、黄金町通り、東大門付近、電車の中から見る街は、白一色にあふれていた。戦時中、白い衣服は、上空から見つかりやすいからと、一切禁じられていた人々が、この解放の日に備えていたかの如く、老人も少女も、男も女も、白の朝鮮服を着てくりだしているのである。時折マンセイの声もきこえる。日本は敗れたのである。*1

日本の勝利を信じる軍国少女だったS氏にとって、この体験は大きな衝撃だった。朝鮮人がいかに痛切に日本の植民地支配からの解放を望んでいたのかを目の前に突きつけられたのである。

八月一六日、T氏は鎮海から京城へ向かう列車にいた。海軍軍属の任務を解かれ帰宅する途中だった。「駅という駅が独立を祝う朝鮮人であふれ」、白いチョゴリの人々の「歓呼、爆竹、怒号に、駅は沸き返っていた」。日本人乗客に対しては、「窓を見るな。目を合わせるな。殺されるぞ」と注意が飛んでいた。しかしT氏は「カーテンをちょっぴり持ち上げて、外をのぞいて見ずにはいられなかった」。そして大邱駅で同じ年頃の少年を見つける。そのときのことを次のように回想する。

何も知らない私だった。日本がむりやり朝鮮を統治していたことも、朝鮮人がどんなに独立を切望していたかということも、ほんとうにつゆほども考えてみたことのない私だった。だが、私はこの時みたのである。少年の喜びに輝くひとみを。それは厚い雲間からさしこむ一条の光のように、永い永い苦しみの歴史を、私に感じとらせたのである。ふと、彼の目が私をみた。そして私も、はっきりとその目を見返した。[*2]

T氏は喜びにあふれる朝鮮人の群れを見、そのなかの少年の瞳にやどる希望の光を見ることで、日本の支配がいかに朝鮮人を苦しめていたかを悟った。

3　予想していた敗戦

朝鮮総督府官房人事課に勤務していたK氏は、八月一四日に「もう明日来なくていい」と言われ、一五日の玉音放送を家で母と一緒に聞いた。近所に住む『京城日報』記者の家に母が行き、敗戦ということがわかった。「やっぱり戦争は終わったのだ、自分はどうなるのだろう」と不安にかられた。近所の知人宅に泥棒が入り悲鳴が聞こえたが、部屋のなかにかがんで息をひそめてじっとしているしかなかったという。朝鮮人との雑居地域だったこともあり、K氏は親戚の家に預けられて引揚げを待った。その間に家にあった文学全集などを片っ端から読んだ。[*3] K氏は、敗戦から引揚げまでの記憶がはっきりしないと語る。おそらく衝撃の大きさがそのようにさせていると思われる。

陸軍偕行社に勤務していたP氏は、敗戦間際に青酸カリが配布されたという。「われわれは偕行社でしたから、終戦になったらロシアはここまで来ないだろうけれども、韓国人〔朝鮮人〕が暴動を起こして襲われるかもしれないから、いざというときは自決するつもりで、と言われていました」。八月一四日に敗戦を知らされ、一五日は偕行社で玉音放送を聞いた。「もうどうしようもないと」思った。「偕行社のなかで、お別れ会をみんなで盛大にやり、後はここに皆さんに感謝をして別れました」。そしてすぐに倉庫が開放され、物資をもらって帰宅した。アメリカ軍が入って来たので自分たちの住んでいた地域〔三坂ホテル界隈。三坂ホテルは米軍に接収される〕は平穏だったと語る。

通信隊勤務のI氏は八月一五日が夜勤明けだった。「八時から交代なのですが、夜勤明けの人は休養室で待っていてくれと言われました。そして、待っていたら庶務からお達しがあって、敗戦であると。そのときは軍のほうもどうやって始末をするか決めていなくて、とりあえず戦いは負けたと言われたのですね。でもその前から、もうわかっているわけです」「とりあえず今日のところは帰宅してよいが明日から勤務があるかないか、どうするかはこれから決めると言われました。まあ。それから何日かはその後の焼却作業などで司令部に通いました」。一六日から書類の焼却作業のために出勤し、終わると解雇となった。敗戦の日からは集団で行動をしないと危ないと言われた。「京城市内では暴動が起きて、日本人が電車に乗れないそうだよとか、一人で歩いていると危ないよとか、そういうことは聞こえてくるから。とにかく集団で行動しないと駄目だねと」。軍属であったI氏は予想していた敗戦を淡々と受けとめて行動した。

4　略奪された家財・財産

海軍武官府にいて敗戦を予感していたO氏は、家で玉音放送を聞いた。「ああ良かったと思いましたよ。ああこれで戦争がないのだと思って、身近なことでは、ああ明るくできるのだとか、この黒い布〔灯火管制のため電灯を覆っていた布〕は取ってしまったらいいのだとかね、すごくうれしかったです」と、敗戦の苦さを感じるよりも解放感を味わっている。その後略奪行為に直面する。「困ったと言うよりびっくり……。いきなり韓国人〔朝鮮人〕が何人かどやどやと入ってきました」「家に、それで置いてある物をどんどん運び出すのですよ。家具にピアノも。ピアノもあっと言う間に、コロでこうやってみんな運び出しましたよ。あれよ、あれよですよね。こっちは何にも言えない。ただ、ぽかんとして見ているだけ。だけど、それに逆らったりすると、こうやってピストルを突きつけられたという話も聞きましたけれどね。うちはそんなことはなかった。ともかく、へえっと思いました。それで終戦になって、マンセイマンセイと、万歳万歳というのが遥かに聞こえてくるのですよね。だから、ああ、みんな喜んでいるのだな、あたりまえだなと私はそのときは思いましたね」。「だけど不思議と私はそういった略奪が怖くなかったのですよ。何とも怖くないの」。このように略奪にあいながらも、それに恐怖感はなかった。身体に危険が及ばなかったこともあって、あるがままを受けとめたと言える。

朝鮮総督府中央試験所電気化学部に勤務していたQ氏は、八月一五日は動員で上司・同僚と江原道三陟にいた。敗戦の報を聞いた上司の機転で三八度線を北上し、そこから〔おそらく金剛山駅と推測される〕急遽京城に戻るぎゅうぎゅうづめの最終列車に乗った。北上する前に三陟に住む一人の朝鮮人青年が上司を訪ねて来て、「これから朝鮮はどのようになるのでしょうか、僕は何をすればいいのでしょうか」と聞いたことを鮮明に記憶している。しばらくは放心状態が続くが、「闇市にはすごくたくさんのお米がありました」。その後、父が築いた財産を略奪される。父〔病床にあり〕が築いた財産管理・分配を引き受けていた金さん〔父が信頼していた部下〕に「あなたたちは三六年前裸で来たのだ。三六年間、日本人は良い思いをしてきた」と言われ、全財産を朝鮮人に奪われた。この体験により、日本人が朝鮮を支配し、朝鮮人をひどい目に遭わせたという現実を突きつけられたのである。さらに「私〔Q氏〕を朝鮮に残して、この人は若いから朝鮮人の妻にさせようと、ひそひそと言っている声も聞こえてきた」。Q氏は友人からの誘いもあり、父母・姉妹が引揚げたのち、京城日本人世話会の仕事（奉仕活動）をすることになった。

5 憤怒と敵意にさらされる

陸軍造兵廠に勤務していたR氏は、敗戦と同時に一緒に働いていた朝鮮人の態度がコロリと変わったと言う。その後はほとんど街に出なかった。「そう、怖かった。電車にも乗れなかった、日本人が乗ったらいついじめられるかわからないから、安心して乗れませんでした」。

在校生たちは、勤労動員の場で、あるいは学校で玉音放送を聞いた。学校で敗戦を知った同窓生は次のように記す。

教室で大切な放送が流れるから、と耳を傾けたが聞きとりにくいラジオ放送に勅語が流れて来た。はっきりしないが日本が負けたらしい、と先生に告げられ、直ちに帰宅となった。町の雰囲気は朝と異なり、朝鮮人は前もって知っていたのかの様子だった。電車に乗ることも出来ず、友人と二人、誰にぶつかろうとも身を除けず真直ぐ歩いて帰ろうと言い合って歩いたが、無事何事もなく帰宅出来た。[*4]

あの八月十五日、母校の教室で学徒動員作業の雲母ハギの手を止めて、起立して終戦の詔勅を聞いた日の情景を、私は今なお鮮明におぼえている。教室のスピーカーがガーガーいって、何のことかわからないうちに、京城の街には暴動が起きた。とるものもとりあえず、配られた在学証明書を握って、先生に送られて帰宅したのが最後、……、あこがれだったあの白い制帽（ちょっとカンカン帽に似ていた……）ともさよならになった。[*5]

一九四三年入学のある同窓生は次のような体験を持った。

毎年八月の声を聞くと八月一五日の終戦記念日を思います。（中略）八月一五日昼すぎ事務室に何か用紙を届けに行きそこで直立不動の姿勢でラジオを聞いている事務室の人の姿を本当に不思議な気持ちで見ました。八月一五日の引率の先生は生物の押野先生でした。先生のお話をみんな気もそぞろ落ち着く雰囲気でなかったと思います。外に出ると油蟬が一斉に啼いていました。憲兵さんが三、四人だったと思います京城駅まで送って下さいました。汽車が駅に着く少し前徐行しながらの汽車の窓から怒濤の様な大勢の大声が何か吠えてうなっている様な声を聞いて足元から血がひいてゆく様でした。めちゃくちゃな人の群れに押し出されて駅の外に出た時、お餅がかりの○○さんが泣きそうな顔でお餅の入った箱を持って人波をかきわけて来ました。みんなそれぞれいつも帰宅時にお塩餡の大福餅を一つ頂いて帰っていました。人波に圧されて幾人かの人が倒れました。本当に見た事もない旗の波、それははじめて見る韓国の旗〔大極旗〕でした。トラックの上、自動車の上まで沢山の人が乗って旗を振りマンセイ、マンセイの大合唱で叫び吠えていました。マンセイの意味は知りませんでした。怒濤のように聞えた大きいうねりの声はそれでした。道路にずっとはられた綱も何のその、押し寄せる群衆を制御する憲兵が五メートルくらいの間隔で道の両側にずーっと並びときどき空にむかって空砲を撃っていました。本当に身動きがつかない状態で押され一緒に汽車を降りた友達もどうしたのか押されていた私でしたが私はしっかりと京城駅前の八月一五日の出来事を見ました。何が何だかわからない内にどうやって電車に乗ることが出来たのかそれは思い出せませんけれど家へ着いたとき母と妹がとびついて来ました。[*6]

生徒たちのとまどいと帰宅までの様子が伝わってくる。

丁字屋百貨店の海軍衣料廠に配属になっていた同窓生は、「外は、マンセイ、マンセイの騒音、朝鮮の指導員の方が、大きな裁断ばさみで、私たちの腕に付けた錨のマークを切り落としていく。どんな思いで家路についたことでございましょう」と記している。この生徒は学校へ駆けつけ、先生たちと「ご真影や重要書類を焼却し」涙にくれたという。[*7]総督府前から「マンセイ、マンセイ」の声が聞こえるなかで、丁字屋前から鈴なりの人を乗せた電車にぶら下がって京城駅に行った生徒は、「日本人を叩き殺せ」と叫びながら一人の朝鮮人が乗り込む場面に遭遇し、身を翻して下車、地面をはってマンセイ、マンセイと叫ぶ集団の脚の隙間をくぐり、吉野町へと走った。[*8]朝鮮人の積年の憤怒が日本人に刃を向ける場面に遭遇したのである。齋藤尚子は、「日本人は日本に帰れ」と言われて初めて、日本人と朝鮮人は別の国民であることに気づいた。[*9]

インフォーマントや同窓生の記憶のなかに、八月一五日の京城で「マンセイ、マンセイの大合唱」「押し寄せる群衆」などが出てくる。公的な記録によれば、八月一五日の京城は意外なほど落ちついており、混乱はなく、騒がしくなるのは一六日からだとされている。[*10] このズレは記憶違いによって起こったというよりも、敗戦後の京城における朝鮮人の解放の喜びや示威行動が記憶され、一五日が歴史上の重要な日であるということと結びついて、彼女たちのなかで事実として記憶されたと考える。アレッサンドロ・ポルテッリは、事実と記憶の「不一致は記憶違いによって起こるのではなく、重要な出来事と歴史一般の意味を理解しようとする努力の中で、能動的、創造的に生みだされる」と主張した。[*11] 八月一五日という事件がインフォーマントや同窓生にとっては上記のように意味づけられて記憶されたのである。

6　敗戦二日後の日記と第一高女の終焉

敗戦の二日後の八月一七日、ある生徒は日記に次のように記した。

町を歩くのもうかうかして居られぬ、目抜き通りでは半島人が集団を作って暴動をおこし、朝鮮独立万歳を叫ぶ有様で、大統領も出来、内閣を組織し、国旗国家《ママ》もこしらえ、米国の国旗もかかげ、朝鮮人の中学生、女学生は校旗を先頭に敵の兵士の京城駅到着を出迎えに行くとの事。昨日も○○さんが下校の際は私服の兵隊さんに送ってもらったとの事。

然し、もうこれが最後になるかも知れぬから、○○さん○○さんと妹さんと登校した。学校は清津からの避難民と兵隊さんとで一杯、職員室はごった返していた。（中略）在学証明書を頂き、最後の校長室、職員室のお当番をし、それから各教室に掲げてある〝青少年学徒に賜りたる勅語〟並びに〝皇国臣民の誓詞〟、富士の額、その他いろいろ戦争に関する写真、そして〝特攻魂でやり抜け〟と書かれた紙もみんな焼いてしまった。そして最後に校長室の、式の度に奉読されていた種々のお勅語も一同最敬礼のうちに焼却申した。（中略）折からおこる培材中学生の新朝鮮の国家《ママ》を唄い乍らの行進、無念の想い如何ばかりか。先生とも尽きぬ別れをお告げし、最後にもう本当に最後に、奉安殿に対し奉り、深く深く長く長く最敬礼して下校した。*12

日本帝国崩壊直後の京城の様子が描写されている。そして日本の一女学生のもとにも飛び込んでくるさまざまな情報と、それをどのように見て、感じていたかが正直に書かれている。日本の勝利を信じていた生徒にとっては、これまでの生活が突然断ち切られる無念が募ったことだろう。また、女学校側の、植民地支配・軍国主義の痕跡を消そうという対応も具体的に書かれている。回想ではなく、まさにその日の日記であり臨場感にあふれている。

第一高女の終焉にかかわった五名の在校生がいた。九月一〇日に彼女らは校舎に来るよう命じられた。以下の文章によってその様子を知ることができる。

一〇時少し前、府庁の前を南大門の方からリッジウエイ〔実際はホッジである〕中将の進駐軍が総督府の方へ行進して行くのに会いました。大々的に交通規制がしかれ、アメリカの旗、韓国の旗があの広い道の両側に集まった大群衆の手で振られ、私は言葉にならない気持ちで眺めていたのを覚えています。

校門を入るとあの大きな槐《えんじゅ》の木の下に大きな大きな穴が掘られて色々なものが投げ込まれていました。主に紙のようで焔が槐の枝まで届いたのか焼け焦げた葉を見てかわいそうと思ったことをしっかり覚えています。（中略）「日々のあ抱み」この日記帳にみんな苦労された様ですが、売店に残っていたもの、用務員室にあったもの等、次々と先生方の指示で槐の木の下に投げ入れ、最後に腰掛と机を徳寿小学校に何回も往復して運びました。校舎の中に入り切らないので運動場に並べました。私達五人ともこもごもの思いに胸がつぶれそうになりながら、楽しかったあんなこと、こんな事どもを話し合い特別に大きな声で笑い溢れる涙を拭いたりしました。そして校門に深々と最敬礼をして第一高女に最後の別れをして家路につきました。[*13]

以上のように、インフォーマントを含め、第一高女同窓生の八月一五日からの敗戦経験は決して一様ではなかった。「敗戦」と一口に言っても、そこには一人一人の異なる経験、まさに個人の経験の多様さがあったことを示している。全体史と個人史の結節点がここにある。さらにこの経験が、彼女たちの抱えていた朝鮮・朝鮮人への認識を転換させる契機となっていくのである。

朝鮮での豊かな生活を享受していた日本人は、敗戦によってその生活基盤をねこそぎ失うことに直面した。インフォーマントが、口をそろえて言う、「私たちにとっては敗戦が始まりだった」という言葉はここから来ている。帝国の崩壊＝敗戦は、彼女たちにとって、「戦いの始まり」であった。そして、その先に待っていたのが引揚げであった。

第6章　引揚げ――認識の転換を促すもの(2)

1　それぞれの引揚げ

敗戦後、朝鮮南部では、米軍の指令のもとに組織的に朝鮮在住日本人を日本内地へ送還する準備が整えられていった。またその指令のもとに、各地に日本人世話会が作られ、送還計画を実行した。北部はソ連の管轄下となった。

インフォーマントの日本への帰還＝引揚げは、経路不明三名、旅順からの一名を除くと、いくつかのパターンに分類される。行政サイドの指示を待って京城→釜山へのルートをたどった八名（B、C、I、J、K、P、Q、V氏）。海軍関係者が身近にいたため、京城→鎮海というルートをたどった三名（O、R、T氏）。闇船を仕立てて帰った三名（A、S、U氏）。そして一名は北朝鮮地域からの引揚げだった（D氏）。

行政サイドが割り当てた貨車（有蓋車と無蓋車があったようだ）はぎゅうぎゅうづめで混雑を極めた。夫がすべての財産を朝鮮の人に売却し、「唯一途に本土に帰りたい」と幼い息子を抱えて夫と乗り込んだJ

氏は、貨車が止まるたびに乗客から「お金を集めて運転手に渡す」ことが何回も繰り返されたという。「何回止まったか何日かかったかわからない」。釜山駅に着くとホームではないところで下車し、子どもを前に縛って、リュックを背負い、両手に荷物を持って、機関車の下をくぐってホームにたどりついた。釜山では小学校で二日ほど過ごして博多へ向かった。その後愛知県の夫の実家へ身を寄せた。

P氏は兄が食糧調達にあたっていたため、引揚げまでの食糧には困らなかったという。父母と兄と「持てるだけの荷物を持ち、行李を背負い無蓋車で」釜山へ向かった。J氏同様、途中で貨車が何回も止められた。釜山ではお寺に二泊した。治安維持にあたっていた米軍は親切に荷物を持ってくれたりしたという。小倉に上陸し、大阪へ。引揚者には目的地まで無料の切符が与えられたので、岩手県の母の実家に身を寄せた。

家族一同で引揚げたB氏は、貨車で釜山まで行き、博多へ向かうが、博多・門司は機雷に接触する恐れがあるとのことで、[*1]仙崎で下船した。荷物は途中で盗難に会い、リュックサック一つで姉を頼って敦賀に身を寄せた。同じく釜山から仙崎までの軍用船の狭い船室で、妊婦の出産に遭遇した同窓生もいた。[*2]

I氏は、「引揚げ」と聞いたとき、その意味が理解できなかった。「大変だ、引揚げだと言われても、引揚げてどこへ行くの? と。私たちは日本を知らないから、日本へ行くの? という感じでした」。一家は京城に永住するものと考え、墓も建てていた。若くして亡くなった兄がそこに眠っていた。父が墓守（朝鮮人）に「袖の下」を渡して秘かに墓を掘り返し、ほんのひとかけらの兄の骨を手にし、小さい茶筒に入れて六歳の弟がこれをリュックサックに入れて背負った。引揚げを待つ間不要なものを焼却し、二〇個くらいの荷物を造り、送付可能な時期になったら送ってくれるように、懇意にしていた朝鮮の人に依頼した。必死に荷造りしたこれらは届くことがなかったという。父母・妹・弟と一緒に京城から釜山へ向かった。釜山では船に乗る順番を待つ間テントからテントを移動させられた。乗船時、米兵の荷物検査があった。大切に持ってきた写真のなかに軍人男性の写真があり、「これは何だ」と聞かれた。とっさに「I'm sorry……」と答えて切り抜けたという。父の郷里秋田へ身を寄せたが、働き口を探すのに困難を極めた。

今まで述べた四名は一九四五年の秋から冬にかけて引揚げた。前述した（第5章4）、財産をすべて取られたQ氏は一九四六年二月と遅い。それはQ氏が京城日本人世話会の仕事（奉仕活動）をしていたからである。敗戦を知ったのち、「当然（朝鮮を）日本だと思ってしまっていて、なぜ、引揚げるのか、どこに引揚げるのかと思ってしまいました」「しばらくは、虚無の状態でした」「それからずいぶんたってから、やはり引揚げなくてはいけないのだなとだんだんわかりました」と語る。世話会では、「会報を入れた封筒の宛名書きをし、援護課やその他に持って運んでいた」「夜間手榴弾が投げこまれたり、危ない目にもあった」[*3]。そうした体験の一コマを以下のように語った。

日本人世話会で、私が奉仕活動をやったでしょう。北鮮から来た人が、赤ちゃんを連れて川を渡って、それで霜焼けというのか凍傷になって大変だったのです。そうしたら、死んで子どもを失った人と、親を失った子どももいるわけです。子どもは大きかったのですけれど、私が直接言ったのではないですが、ここで親子の契りをしなさい、この子があんたの息子で、こちらはあんたのお母さんよと言って、そこで二人で京城から汽車に乗って行きました。私は女学校を出たばかりですから、そんな力はなかったですけれどもいろいろとありました。

またQ氏は、世話会会長の穂積真六郎とホッジ中将（米国軍太平洋方面最高司令官代理在朝鮮米国軍司令官）らの会合に、お茶の接待を命じられ同席している。その様子を、「穂積さんは堂々とおにぎりを出して召し上がり、最後にご自分は食べず（当時としては珍らしい）ケーキを二つ残して私達二人に「お上がり」と言ってくださいました。進駐軍からは「日本のキリスト」と言われていたそうです」と描写している。[*4]

Q氏は穂積を慕って「先生と一緒に帰りたい」と言ったが、穂積に説得されて一九四六年二月に客車で京城から釜山へ向った。先に引揚げていた病身の父母・妹らと、母の郷里和歌山に身を寄せた。

鎮海経由で引揚げたのは三名である。

O氏は、「終戦になってからでも京城におられると思っていた」。引揚げなどとは「もう夢にも思わない。朝鮮人にならなければいけないなら、なってもいいと思ったくらいですからね。そんなもう冗談じゃないと思っていました。だけど、ええっ、引揚げなければならない。引揚げるって、どこに引揚げるのって」と語る。海軍軍属だったので、親しい知人を皆家族として届けて、京城から鎮海へ貨車で向かった。「汽車で貨物でした。もう荷物みたいに放り込まれてね。それこそ何と言うのかしら、人間扱いではなかったですね」。しばらく空き家になっていた海軍工廠の官舎で暮らしたが、食糧は海軍の倉庫にいっぱいあった。その後、母の郷里である島根県に行った。日本人の労働者（ブルーカラー）を初めて見たことによって、朝鮮で日本人がいかに優遇されていたかを悟った。

R氏は妹二人を連れ、海軍にいた従弟らと引揚げた。持ち帰りが許された所持金は一人一〇〇〇円と決められていたが、[*5]三〇万円を隠し持っていた。鎮海で乗船するとき米軍の検査があるとわかると、困惑した。そのとき船長がそのお金を預かってくれ、博多で下船するとき返してくれたという。釜の底をくりぬいたり、着物に縫い込んだりしてお金を持ち帰ったと話す者もいる。R氏の両親は時計店を続けたいと考え、京城に残った。しかし、店の従業員（朝鮮人）に強盗に入られたことで、「ぶっそうな」京城を後にし、愛媛の親戚に一家で身を寄せた。

T氏の家族は、一九四五年一〇月一八日に京城を発ち、鎮海から船に乗り一一月一日に博多港に着き日本の地を踏んだ。鎮海で乗船時に厳しいチェックがあった。「大人の女性は朝鮮人の女性、男と子どもはアメリカ兵が担当で」、T氏はアメリカ兵のチェックを受けた。「荷物を全部開いて、決められた以上のお金とか宝石などを持っていないかを、入念に（着物の衿からおにぎりの芯（中身）まで）調べられた」。船が岸壁から離れるのを甲板から身をのりだし、「もう二度とここを越えて向こう側に渡ることはできないのだと強く自分に言いきかせながら」見つめていた。[*6]到着した博多では「やたらにDDTをかけられた」。さらに彼女を打ちのめしたのは、埠頭の片隅にあった、「侵略者のおまえらがかえってくるから、われわれが餓える」という貼り紙だった。一六歳の少女にとって胸を突き刺される痛みだった。

次は闇船で帰った三人である。

夫・息子（三歳）・娘（一歳）と安養に住んでいたA氏は、家財道具一切は子守り（使用人）一家に譲り、持ち帰れるものを荷造りした。安養在住の日本人有力者が中心となり、朝鮮人と交渉して客車一両・貨車一両を借り切り、貨車には荷物を載せて釜山へ向かった。しかし、釜山に着いたときには荷物はすべてなくなっており「無に帰した」。釜山では復員する軍隊を先に送還するため、税関倉庫に一か月足止めされた。南朝鮮を支配した米軍政庁が、迅速に本国へ送還すべき職業集団として、軍隊・警察官・神官・芸者・娼婦を指定したからである。[*7] 自然と「自治会のようなもの」ができ、「税関倉庫のベランダや何かに朝になったら糞便がいっぱい」になるので、「男の人は朝早く」糞便の掃除などを各家族から一人出て順番に行うような体制ができあがった。食糧の買い出し・炊事は女性たちの仕事となる。「安養の小学校の三家族で、女の人は子どもを背負って街に出ますと、今まで見えなかったお米などが山のように盛ってありました」。「お酒の一升瓶も林立しているのですよ。そういう物を買って帰って、飯盒で炊いたりして各家族でそういうふうにしました」。米兵が巡回しているので、身の危険は感じなかったが、「夜は絶対に外へは出ませんでした」。A氏は、トイレがないのが一番つらかったという。「近くに川があって、その川に竹と木が渡してあって、莚《むしろ》の小屋がけで、そこに行くのですよ。ですから何人かで連れ立って、まだ夜が更けないうちに行きました」。「そうしたら、米兵が何とかと言って叫んだりしていましたけれど、そんなに野蛮人ではないのですよ。だから良かったのですね」。

一か月たつうちに「階段の踊り場などに乗せられていた〔横たわっていた〕人が亡くなったり、小さい子どもが亡くなったりしていった」。「そういうことを見聞きするにつけて、世話役の人が闇船を見つけて帰ろうと言ったのです」。帰還してもお金の心配がない人は同調した。「私どもは帰ったら、親の家、主人の家があるということがわかっていましたので、一人が一〇〇〇円ずつ持って帰れたので、それを使いながら来たのです。それで、闇船に三〇〇円だったか四〇〇円だったか忘れましたけれど払って乗りました。そうしたら、海路の途中まで行ってどこか忘れましたけれど止まって（中略）それでお金をまた足しました。そういう手があったということは知りませんでした。乗った人はわずかでしたよ」。博多までたどり着くと、「珠丸が機雷に接触、事故、遭難者何とかと看板に出ていました」。「私たちの前に通った船です」。その後、高知県の夫の実家に身を寄せた。

京城女子医専の校庭で玉音放送を聞いて帰宅したS氏は家に籠もった。そして、父母・自分・妹（U氏）・弟の背負うリュックサックを縫い上げた。また木箱二箱に将来役立ちそうな衣類をつめた。半ば放心状態のこうした日々を「荷造りとトランプ占いで過ごした」という。九月四日にはお別れの気持ちで朝鮮神宮に参拝に行き、その足で京城日本人世話会に手伝いに行っている。女子医専の生徒としての奉仕だった。父が知人のつてで汽車の切符を入手し、引揚げ証明書も知人から白紙のものを五〇〇円で入手した。住所には北朝鮮方面の住人だと偽りを記載し、一〇月二日に京城駅を出発した。自身が大切に持ったものは、「ドイツ語小辞典、トランプ、顕微鏡スケッチ数枚、愛用の指抜き、女子医専の身分証明書、在学証明書」だった。引揚げのときの朝鮮人の態度から、日本人がしてきたこと〔苛酷な支配〕にうすうす気づいたという。ぎゅうぎゅうづめの列車で早朝釜山駅に着く。てんでに駅構内に飛び降り、三島女学校の講堂にたどり着いた。漁業組合に勤務していた父の職業の関係から、漁網・船具商の一室を借り、自炊した。S氏・U氏姉妹は「米兵の目にふれてはならぬ」と一歩も街を歩けなかった。一〇月一七日に二〇トン足らずの闇船で釜山港を出港した。日没時に対馬の北端を通過するとき「北に朝鮮の山々が赤紫にそまってかすんで見え、水平線の向こうに次第に見えなくなっていくのを、じっと見ていた」。大時化《おおしけ》のため船は流されて博多に着くことができず、一八日に呼子に着いた。日本人が肉体労働をしているのを見て、植民地朝鮮では、朝鮮人を肉体労働者として低位に置いていたことに初めて気づいた。[*8] 呼子から父の郷里隠岐島に向かった。

ソ連の支配下に入った北朝鮮咸興にいたD氏の引揚げは困難を極めた。義母・義姉の家族とともに世話会の指示を受け、一九四六年四月二九日に南下を開始した。「無蓋貨車に乗って、まあ何回止まったのかわからない。そのたびにお金を集めて」。止まるたびに乗っている日本人からお金を集めて機関手に渡すという繰り返しの末、元山に到着した。「三八度線は歩いて越えました。そして、農家の納屋のようなところに一晩泊まったりして、ずっと歩いて注文津くらいまで来たのですよね」。「そこにアメリカのリバティー船[*9]が迎えに来ていて、それに乗って釜山へ」向かった。ところが釜山に着くと「人が乗りすぎだと言われて」「私ども家族がそこで降ろされて」、数日留め置かれた。さらに「群山まで、また無蓋貨車で行くのですよ」。そこで一晩「テントがあってそこに泊まって、またリバティー船で博多まで行くのです」。ところが博多港に着くと、船の乗客からコレラ患者が発生したということで、上陸禁止となり、横須賀港へまわされた。「そこで二週間の検疫ですよ。だから、四月二九日に出て、七月」と語るように、日本へ到着するまで三か月近く要した。その間着のみ着のままであった。「横須賀で〔陸に〕上がったら、もう貧しい乞食のようになっていて」「こんな貧しく惨めな引揚者は初めてだと言って」「もう有り金がみんななくなってしまって。本当に惨めでした」——そう語り、D氏は涙ぐんで声をつまらせた。それまで筆者の質問に明るく答えていたD氏だが、引揚げから六十数年を経てもなお、そのつらさは消えない。上陸時に天皇の名入りの「女性には真綿、男性にはたばこ菓子器（たばこ盆と思われる）」が渡された。義母は横須賀で栄養失調のため亡くなった。その後、福岡の夫の実家に身を寄せ夫の復員を待った。

植民者二世として、朝鮮で生を受けたインフォーマントは、引揚げという言葉の意味を理解するのが困難だった。I、Q、O氏が語るように日本は異国であった。「どこへ行くの」と感じたI氏。「なぜ、引揚げるのか、どこに引揚げるのか」と思ったQ氏。〝朝鮮人になってもよいから京城に残りたかった〟というO氏。それでもインフォーマントは、断腸の思いで自らを納得させる。ここに植民地認識を転換させる大きな契機があった。さらに、引揚げ時の朝鮮人の態度から植民地支配に対する怨嗟を感じ取ったS氏。内地へ到着して、日本人の肉体労働者を初めて目にしたO氏とS氏。また「侵略者のおまえらがかえってくるから、われわれが餓える」という貼り紙に胸を引き裂かれたT氏。このように植民地から本国への移動におけるさまざまな体験は、インフォーマントの植民地認識に大転換を迫るものであった。

2　祖国での冷遇・差別

本土に帰還したインフォーマントを待っていたのは冷たい視線と差別であった。

前述したようにT氏は埠頭の片隅にあった貼り紙を見た。東京でも壁の隅などに同様の貼り紙を幾度も見たという。また、引揚者だと知れると、「あんたらは外地で好きなことして迷惑かけて生きてきたんだから、これからは苦労して当然だ」と言われた。[*10] 多くの者が同様の体験をしている。本土に生活基盤を持たない引揚者は、親戚や知人を頼って居候生活を余儀なくされたからである。

D氏の母は熊本県山鹿に知人を頼って引揚げたが、次のように肩身の狭い思いをした。

> 前からいる親戚が、母たちが引揚者だということを忘れているのか、引揚げと沖縄が来てから、山鹿の町が悪くなったと何度も言われたと言っていましたね。戦争があるからと沖縄の人たちが沖縄から内地のほうに、たくさん移動をさせられたのです。その人たちがいっぱい山鹿に来ていたらしいの。それで先のように言われたと言っていました。

H氏は、夫の父が京城で病院を営んでおり、植民地時代は羽振りがよく内地の親戚に厚遇されていた。引揚げ後その親戚を頼って行くと冷遇された。

> 京城で病院を経営しているときはそれこそ、よくしてくれたわけですから、主人もお帰りなさい、よく来たという言葉を期待したのかもしれませんが、私たちが玄関に入った途端の一同の視線は刺さったですね。主人は私の手前もあるし、困ったでしょうけれどね。小さくなって。そこの借家の二階に住めということでしたが、そこに長居はできませんしね。

「転々と引越しをせざるをえなかったのは、ほとんどの引揚者共通（プライドも何もあったものではなかった）」と記している。

K氏は母の田舎に引揚げて、その封建的な風習に驚いた。

引揚げて来たって、私はそこにはいられなかったです。母も若いときに京城に行っているのですし、文通はしていたみたいです。一〇歳違いのお姉さんです。田んぼはいっぱいあるのですが、その家は庄屋みたいな家だったらしいです。

地主かな。〔小作人が〕角の玄関に入らないで外で挨拶するというのですね。そういうことを聞いて、私はびっくりしました。私は田舎を見たことがないじゃないですか。

引揚者のくせにと言われました。とにかく田舎にはいられなかったです。

こうしてK氏は父母と離れて暮らすことになる。「それで田舎に帰った人は、みんな田舎にいられないのですね。耐えられなくて、みんな出て来ましたね」。そしてみんな自活のために働いたと語った。

O氏も世間の冷たさを語った。

引揚げたらまったく外国に来たような感じでしたよ。やはり向こうが故郷でね。

何と言うかすごく京城が懐かしいですね。もう本当に引揚げて来たとき、外国に来たみたいでしたよ。それで内地の人も、ちょっと扱いが違うのですよね。何かよそよそしいというか何と言うのかね。けっこう向こうで良い暮らしをしていたということで、そんなことか何か知らないけれども、もう、ああ嫌だといつも思っていました。

野菜がないから、おいこ〔しょいこ〕を背負って農家に買いに行くのですよ。絶対に売ってくれないのですよ。もう情けなくて、母と一緒にとぼとぼ帰りながら、白菜の青いところを剝くじゃないですか。側に落ちているそれを拾って帰って、それに火を通して食べたりして、本当につらかったですね。

私は正直ここで一生送るのは嫌だと思いました。

引揚げてからは本当にええっと思うような、人生が変わったというか、せっかく祖国に帰って来たにしては、何か別物扱いされているような。

親戚からは冷たくされ、三軒くらい転々とした。そして親切にしてくれたのは一緒に引揚げた女中の実家だったという。

ここには日本社会が引揚者にどのように対したのかが如実にあらわれている。植民地から帰還した日本人は同胞としてではなく、他者として遇された。それは「別物扱いされている」という言葉に顕著に示されている。O氏は「絶対に引揚者じゃないと結婚しない」と固く思い、幼なじみと結婚した。

Q氏は病身の父と母と姉妹の四人を追って、父の親戚である和歌山に引揚げた。

国と言うのですか。そこに引揚げてきました。初めは母屋にいたのですが、父が癌で母はチフスでしょう。だから、引揚げて来て、とても大変でした。どんな病気を持って帰って来たかわからないからといって、結局、私たちは土蔵というのか蔵にいて、電気も点いていないところで暮らしました。

長女であるQ氏は、みかんの行商や魚の行商でしばらく一家の生計を立てた。一家の暮らしに見通しがつくと上京した。[*11]

京城で父が時計店を営んでいたR氏も同様に親戚から冷遇された。

親戚が冷たい目で見るからね。朝鮮にいるときにはいろいろな物も送ってあげたのですが、裸同然で帰って来ているから。電気を点けたら、近所の人が、ああ時計屋が帰って来たと修理の物をたくさん持って来るのです。そうしたら一〇〇ワットくらいの電球を点けて仕事をしていました。親戚の家でしていましたね。そうすると、父の兄のお嫁さんなのですが、その伯母さんが電気を「ばつっ」と切るのですよ。

もうこんなところにはいられないから、商売をしようと別府に行ったのです。

このように日本社会は、引揚者をよそ者・他者として冷遇した。そして、引揚者であるインフォーマントはそれに耐えねばならなかった。帝国の崩壊によって国家に見捨てられ、帰還した祖国も守ってくれなかったのである。このことは、日本国家や日本人に自分を重ねられない感情、日本人への違和感、疎外感を植民者二世が抱え込んだことを予測させる。そうであれば、日本のなかの他者として生きざるをえないということである。[*12]

引揚者である五木寛之も次のように述べている。

私は両親と一緒に朝鮮半島に渡って、〝差別者〟として植民地にいた。その後、平壌で敗戦を迎えてからは、パスポートを持たない難民としていろいろな目にあった。三八度線を弟の手を引っぱり、妹を背負って、という状態で引き揚げてきた。

引き揚げてくると、こんどは「引揚者」という肩書がついた。この言葉は、九州の筑後のあたりでは差別語に近い表現だった。一転して、こんどは祖国の人たちから「引揚者」として差別される立場になったのである。

家がない、土地がないというふたつの理由で「引揚者、引揚者」と呼ばれる。たまらない思いを味わった。こんなふうに「引揚者」という差別語のなかで生きてきたことで、それ以来、わたしのなかにはつねに日本人であると同時に、〝在日日本人〟という意識があった。[*13]

三吉明は引揚者への調査から、引揚者が一番つらかったのは、「お前達は外地で散々贅沢な生活をして来たのだから少々苦しい目をみても当たり前だ」という態度で、祖国の人たちから協力が得られなかったことだった点を明らかにした。また、軍人・軍属に比較すると、引揚者に対する国家補償が不十分な点も指摘している。[*14]

T氏は、「おうまれは?ご実家は?」という問いに直面したとき、「同じ身の上である旧友たちも、みなこの質問には悩むらしく顔を合わせるたびにこぼしあう」と述べている。[*15] それは、故郷としての朝鮮をすでに失ったこと、またそれを明かせば差別の視線にさらされることを避けようとする態度だったと言える。そしてこうした強迫観念は長い間消えることがなかった。

引揚げて四〇年後に詠まれた次の歌にも如実にあらわれている。「引揚者と言はれし過去が目をさまし瞋りの棒となり立ちあがる」[*16]。

第7章　継続する植民地経験――植民者であったことを反芻しながら

植民者の精神構造については、梶村秀樹、尹健次、三宅ちさと、高吉嬉らの研究がある。[*1] 植民者二世の意識については具体的に小林勝・村松武司・旗田巍・森崎和江を対象に言及されている。そこで指摘されていることは、植民者二世としての彼らは「完全な自己否定」のうえに「自己の再生」を見出すという回路である。女性植民者については森崎和江に対してのみ言及されている。これまで明らかにされてきたのは、植民地経験の意味を徹底してつきつめ、ある意味では突き抜けた地平に立ちえた者であり、そうした植民者が小林勝・村松武司・旗田巍・森崎和江であった。また、筆者は異なるタイプとして堀内純子のケースを分析した。[*2]

筆者は、「完全な自己否定」のうえに「自己の再生」を見出すという回路以外にも、インフォーマントへのアンケートやインタビューから、異なるかたちで植民地主義に向き合い、自省し、内面化されていた植民地主義を克服しようとするタイプがあるのではないかと考えてきた。[*3]

確かに森崎らのタイプは一つの典型と言える。この対極にあるのが、「われわれが悪かったのではない。むしろ文明化や開発に貢献した。昔は良かった。懐かしいわが故郷。日本が戦争に負けさえしなければ」

という地点にとどまる植民者二世たちである（第1節）。ただこれ以外のタイプも存在することを明らかにし、事例を豊富化することが植民地責任に関する研究を進めることになると考える。第2節以下では、筆者がインフォーマントへのインタビュー、同窓生の著作、同窓会誌『白楊』から知りえた四つのタイプを示す。

1　ノスタルジーに浸る

鈴木辰子は次のように懐かしさを吐露する。

韓国の人に対しても差別感はなかったし、キムチ、朝鮮餅、冷麵等も大好き。長く居てくれたスーナー〔使用人〕は、終戦になっても帰宅せず、引揚げの日迄手伝ってくれて。「一緒に日本に行きたい」と迄言ってくれた暖かい心遣いも嬉しかった。韓国に住まわせて貰い乍ら、日本名への改姓、日本語使用私でさえ腹立たしい政策でした。韓国の方ごめんなさい。英国の植民地政策と日本のそれと較べると誠に拙劣だったのですね。私は純粋の日本人ですけれど、遠い祖国の血に韓国の血が交って居るのかしらと思う程、韓国が好きです。でももう私の帰省できる故郷は無いのです。本当に悲しいことです。[*4]

B氏は、敗戦後の食糧調達で、姉の家の朝鮮人使用人に助けられたことを、「みんなに隠れて来てくれるの。大変でしょうと言って。どうやって作ったのか、蒸しパンみたいな物を作ってくれたの。本当に良くしてくれたの」と屈託なくうれしそうに話す。朝鮮人使用人の複雑であっただろう気持ちに思いを馳せることはないようである。

C氏は、「新聞を見ていましても、やはり朝鮮のことはすぐに目につきますね。懐かしくて」と語り、韓国を何度か訪れたが、「機会があれば何回でも行ってみたいですね」と言う。「昌慶苑〔昌慶宮のこと、植民地期には動物園・植物園とされていた〕はご存知ですか」と筆者に尋ね、「あそこが家から近かったですから、昌慶苑にしょっちゅう遊びに行っていましたから懐かしいです。あそこは冬になるとスケートができましたね」と、昔を懐かしむ。

D氏は、梨花女子専門学校時代の朝鮮人の友人と再会したとき、友人が日本の総合雑誌『文藝春秋』を購読していること、またその友人が日本語の本を読み、俳句も作っているという事実を知った。そのことを何のわだかまりもなく、むしろうれしいこととして語った。朝鮮の人々がなぜ日本語を自由に使い、日本語がスラスラ読めるのかということへの洞察は感じられない。後述するS氏が、京城女子師範学校卒業生の流暢な日本語に感じた衝撃〔罪悪感〕のようなものは、D氏には見られない。また彼女は何の屈託もなく韓国への旅を重ねている。

H氏は、京城にあった小学校の同窓会「れんぎょうの会」で韓国を訪問した。そのとき、自分が卒業した西大門小学校の跡地や、夫の実家があった場所へ行ってみたという。そして、「そう、空の色。それが京城の医専〔京城医学専門学校〕に勤めているときに、今日の空は硫酸銅何パーセントの空だと、それはもう綺麗でした。特に秋がね」と、京城の空の色を懐かしむ。また昌慶宮の桜が戦後切られてしまったことや、朝鮮総督府の建物が解体撤去されたことを残念がった。なぜ桜が切られたのか、総督府の建物への韓国人の感情がどのようなものだったかには思い至らないようである。

P氏も何回か韓国を訪れている。「朝鮮神宮が大きな公園になってタワーもできていましたね」。開城で小学校時代を過ごしたので、「北朝鮮と自由に行けるようなことになったら、開城にだけは行きたい」と屈託なく語る。朝鮮神宮が敗戦直後に壊されたことの意味、南北分断の意味について考えることはないようである。

以上は、植民地で過ごした時代をひたすら懐かしむインフォーマントや同窓生である。ノスタルジーに浸ることには、記憶のなかから「不快なもの、不幸なもの、心の痛むもの」「良心のとがめや屈辱を感じたりするような」事柄を「封じ込めようとする」傾向と密接な関係があるとの指摘がある。[*5] そのような心理が働いているのかもしれないが、ここには植民者であったことへの自省的な思考は見られない。それは、小林勝が、「私は、私自身にあっては、私の内なる懐かしさを拒否する。平凡、平和で無害な存在であったかのように見える「外見」をその存在の根元にさかのぼって拒否する」と記した立ち位置[*6]とは対極にある。そして、これが第一高女の同窓会である白楊会の支配的な雰囲気なのである。日本が国家として植民地支配の清算を怠ってきたことが、このようなノスタルジーを支えている。だが、インフォーマント・同窓生すべてというわけではない。

2　居心地の悪さを抱えて

卒業後、「鴨緑江水力発電株式会社で少しだけ働いたときに朝鮮人の人もいたの。ガリ版で書いたりする仕事で。そうしたら〔何かの機会に〕ひゅっと、そういうことがわかったの。なぜと思ったの、同じ仕事をしているのに、日本人だけ特別な待遇があるというのが、不思議でしたね。でも、負けるまではそれほど深くまでは思っていませんでしたが、今になって思うとずいぶん失礼なことよね」と、J氏は日本人にだけ六割の在勤加俸があったことを思い返した。[*7]「考えて見たらどうして、朝鮮の人たちがそこまで日本を虐める〔植民地支配の謝罪・反省を迫る〕のかなと」。「〔友人に対して〕政策が悪かったのよと私は言ったのです。あれで、もう少し人権をきちんと尊重して、もう少し良い政策をすれば、これほどにはならなかった、やり方が悪かったのよと」。植民地支配の仕方についての問題や居心地の悪さを感じてはいるけれども、自らが植民者であったことをとらえ返すわけではない。

R氏は、敗戦と同時に一緒に働いていた朝鮮人の態度がコロリと変わったという体験を語ったことに続けて、「朝鮮語を使うのを止められて、日本語を習わせられたり、日本名に改名させられたりしたから、悪かったなと思います。私たちではなく国がしたのだけれども」と、国家の植民地支配に向けた批判的まなざしが自らに向かうことはない。「戦争で人生が変わったと思うか」という質問に対しても、「そうですね。向こうにいられたらまだ良かったかもしれないけれど。まあ、負けてしまったのだからそれを言っても仕方がないです」と語り、さらに「植民地のことです。日本の行きすぎもありますが「アチラ〔朝鮮〕」もひどいことをしてます」とも記している。[*8]

ここに示したインフォーマントは、植民地支配を肯定してはいないが、その思索をさらに進めることができないために自省には結びつかず、「居心地の悪さ」を抱え続けている。

3 何も気づかなかったことへの痛みと申し訳なさ

戦後の生活に追われながらも、植民者として過ごした体験は記憶から消え去ることはない。心の片隅に沈み、時として浮上し思考を促してゆく。引揚げ後十数年がたつと『白楊』には次のような文章が載る。この間に日本は占領下から独立を果たし、朝鮮戦争で生じた特需もあり経済成長の途上にあった。また、韓国とは国交回復の交渉が開始され、中断をはさみながら継続していた。

今にしておもえばその平和は力をもってかちとった平和であった。それを平和だと思った私達の傲慢、私達ののどかな日々の陰に小さな怒りの火がたえまなくいぶしつづけていたのである。そこで例えどのように善い政治がなされ荒地をみどりにかえ産業を起し文化的に向上した生活を約束したとしても団結した民族の血は一切の恩恵を拒否しつづけていたのであった。

あの若い日に抱いた疑問、それは朝鮮の人の国であるのに、なぜ大多数の朝鮮の人達が下層労働者であるかという事、なぜ美しい市街の中心を占めるのは、殆んどが日本人であるかという事、大学を出てさえ彼らに、希望をもって働けるような責任あるポストは殆どなかったという事、こんな事でよいのかと歳をとる毎に私の疑問が大きくなって行った。

長い勝れた歴史の中から古い日本は数限りない影響をうけた事をおもえば、現代の日本が彼地へ贈るべき数々のものは、すべてのしをつけていろいろありがとうございましたと愛情と敬意をこめたものでなくてはなるまい。[*9]

私は最近中島健蔵氏の著書〝昭和時代〟を読み、氏の第一次大戦前後から第二次大戦の終結に到るまでの日本の歩みに鋭い批判を加えて居るのを見て、あらためてあの当時を回顧するの機を得、種々と考えさせられることが多くあったが、あの時代の私達は全く疑うことも批判することもなくと云うよりはそうすることを許されなかったのであるが、黙々と命令に服しただ一生懸命その中で力の限りやって来たと云うのほかはない[*10]

一九六五年日韓国交回復後、白楊会は早速韓国訪問ツアーを組み、多くの会員が訪韓する。[*11] 訪韓した会員は懐かしさにひたった。この後訪韓が盛んに行われるが、反日感情が強いことも会員は気づいている。[*12]
韓国では長く独裁政権が続くが、日本は高度成長を経て、「経済大国」へと歩みを進める。

井出宣子は訪韓の感想を以下のように記した。

どちらを向いてもハングル文字ばかり、懐かしいのですが全く解らず、そのうちふと次のような感傷的な気持ちになってしまいました。（中略）とにかく韓国《ママ》には独特の文化があったのです。しかし日本は日本語を強制し、何か彼等の伝統文化に目をくれなかったのではないでしょうか。悪かったね。[*13]

同じく川村泰子は以下のように記す。

孝子町の終点の方から入って、展覧会をみにいったことはあっても、この総督府にかくされた、景福宮のことは、殆ど記憶に残っていません。午前中かけてゆっくり、歩きまわりながら、いま、総督府の前にでんと建っている光化門が景福宮の正門だと聞き、返す言葉がありませんでした。テレビでみるたびに邪魔だなと思った光化門でしたが、本当に邪魔だったのは総督府の建物だったのです。（中略）胸の中に煮えくり返るような怒りを抱いたことでしょう。しかも日本は、民族意識を刺激しないようにと光化門を破壊しようとさえしたそうです。（中略）再訪ソウルはなつかしさとともに、苦いものが胸の底によどみます。[*14]

韓国人の同窓生と再会した古沢伸世は次のように記す。

私は子供だったとはいえ、韓国《ママ》に植民者の子女として住み、深い青空の下美しい自然の中で、小学校、女学校と学んで参りました。その独立を奪った後、言語や文字などその文化まで奪って行った植民政策の中で、疑うことも知らず、お恥ずかしい程の無知のまま過ごして来ました。ましてその国の方々の深い心の傷までは思い至る事が出来ませんでした。真実は深く隠され、歪められた情報に埋もれて過ごして来た幼年から青春へと敗戦までの長い年月。引揚、戦後の混乱の中に私の目の鱗は次第に落ちて行きどれだけ沢山の苦い真実が見えて来たことでしょう。そしてその為に払われた犠牲の重さ。[*15]

古沢は戦後の生を生きるなかで〝目から鱗が落ち〟、見えなかったものが見えてきたと語っている。

同様なことは剣持千枝子の文章からもうかがえる。

> 私たちは、韓国《ママ》にとっては〈恨《ハン》〉の日帝三十六年間の真只中に、ソウルにいたことになります。一九一〇年（明治四三年）の日韓《ママ》併合調印の前年に、韓国《ママ》の愛国者安重根に撃たれた明治政府の元老伊藤博文の肝入りで開校した、由緒あるというべきか、韓国《ママ》にとっては因縁つきの女学校、それがわが白楊会なのです。つまり、私たちは日韓《ママ》併合による日本統治下の、そのお膝元で確かに日常的に、また生なましい韓国《ママ》の現実を見て育ったのです。しかし当時の韓国《ママ》の痛恨を、私たちは日本の官憲と軍隊の分厚いガードによって、知る術もなかったし、知らせる教育もされてはこなかったのです。*16

剣持は、史実を正しく知ることなく真の日韓親善はないと書いている。植民者として豊かな生活を享受した陰には、被植民者とされた朝鮮の人々の犠牲があったことに気づくに至るのである。

『閔妃暗殺』（角田房子、新潮社、一八八八年）を読んだ渡辺由利子は、「日本の侵略の四〇年はどんなに韓国《ママ》人を傷つけ、ふみにじったか、「閔妃暗殺」をよんで私は慄然とした」と記した。*17 大原済も「どんな国にも独自の言語、風俗、文化があり、それらが尊重さるべきは当然であるのに、当時の日本では自国のものを頂点にすえる思い上がった考えがまかり通っていました。今思えば恥かしくも恐ろしいことです」と記している。*18

一〇代の少女たちは、植民地の状況にわずかな疑問はあっても、その問題をつきつめて考えることはなかったが、時を経てその意味を理解していく。

そして朝鮮の人々に対して「申し訳なかった」と考えている者がいる。

村田敏は次のように記している。

植民地という意味も分からないまま育ち、太平洋戦争が起ってからは今迄の生活が砂上の楼閣であったことを思い知らされました。（中略）今テレビで見る韓国の町は美しく訪ねてみたいと思いますが、父も主人も司法に携わる仕事をしていましたので韓国の方々には申しわけなく行ってはいけないと心に決めています。今でも植民地時代に日本人と親しくしていた方々が罪人扱いされていると聞き心が痛みます。終戦の日が来ると京城の町を走っている電車に韓国《ママ》の方々が国旗を振って鈴生りに乗って嬉しそうに万歳々々と叫んでいたのを想い出します。[*19]

G氏は父が総督府の官吏であったので、植民地ということは認識しており、「何かにつけて、やはり上流はみんな日本人で、韓国人は中流以下のように思っていました。だから、今から考えたら悔しかったでしょうね。何をされたって仕方がないですね。今は思いますけれども、あの頃は深く考えていなかったです」。「実力は日本人以上にあるのに、あの人たちを馬鹿にしていて本当に申し訳なかったなと思いますね」と語る。G氏が朝鮮人（韓国人）を優れていると思い始めたきっかけは、『冬のソナタ』（二〇〇三年、ＮＨＫＢＳで放映）を見たことと、サッカーワールドカップ（二〇〇二年）やオリンピックでの韓国人選手の活躍を通してだという。とはいえ「ずっとあのようなところにいたのだというだけで、いけなかったのだろうとは思いますけれども、私たち子どもは知らなかったのだから」と自らの限界を口にした。

O氏の家は大きな商店だった。敗戦で引揚げなければならないとわかると、〝朝鮮人になってでもいいから京城に残りたい〟と思ったほど、植民地ということへの認識がなかった。「本当にひどいことをしたと思うけれど、皆、昔は創氏改名で日本の名前にされていて私もわからなかったのですよ」。「それで配達の小僧というか若い子なんかも皆、韓国〔朝鮮〕の人でした。でも皆、仲良くというか、そんな差別というのは、私は本当に知らなかったのです」。「京城時代は本当に良かった。まったく幸せだったのが、やはり悪かったなという気があるのですよね。向こうの人に対してずいぶんひどいことをしたのだなと思います」。創氏改名や日本語の強制についても、「可哀想に本当は内心つらかったのだろうなと後で思うではありませんか」「何があっても、私は悔しかっただろうなと思いますね。可哀想だったなと思いますけれどね。よくあんなに従順に日本語を覚えて、私は涙がこぼれるわ」と申し訳なさを吐露している。

Q氏には忘れられないある出来事がある。

私が今でも一番謝りたいことがあるのですが、私たち女学校の人が一〇人くらい集まって、昌慶苑でトランプのダウトをやっていたのですよ。そうしたら、朝鮮の人がこちらに来て、私たちがすごく、ワーッとしていたものだから、丁寧な言葉で教えてくださいと言いに来たのですよ。私たち、女学校の人は、本当は男の人と話してはいけないという時代だったものですから、私は黙ったままでした。向こうの人は一生懸命に、すみません、皆さん、そのトランプ教えていただけないでしょうかと丁寧に日本語で聞いているのに、私は何も言わなかったのです。その人は自分が朝鮮人だから教えてもらえないと思ったと思うので、今でも謝りたい気持ちでいます。

二〇一〇年は「韓国併合一〇〇年」で、学会・ジャーナリズムで盛んに取り組みが行われた。翌二〇一一年八月に、筆者はQ氏から書簡を受け取った。そこには、「併合一〇〇年にあたって従来の私の認識の甘さを知りました」「痛みを与えた方は忘れ易く、与えられた方は忘れ難かったと思います」と書かれていた。併合一〇〇年の催しがQ氏の植民者としての意識を再考させる契機になっていた。

このように痛みや申し訳なさを胸に抱くインフォーマント・同窓生は複数いる。だが、なぜ植民地支配が行われたのかという、より深い認識を持つことはない。とはいえQ氏に見るように、思考を深める可能性は開かれている。

4 植民地責任への自覚

インフォーマント・同窓生たちが植民者として暮らした植民地責任を語り始めるのは日韓国交回復後からである。彼女たちはそれぞれのきっかけから自らの認識を深めそれを発信し始める。

齋藤尚子『消えた国旗』

二五回生の齋藤尚子が児童書を著したのは一九六六年だった。本著作を書いた意図を齋藤は以下のように述べる。

わたしはそこが日本の国の一部だと思って疑いませんでした。ですから、戦争がおわって、「日本人は日本に帰れ」、といわれたときには、正直のところ、残念で残念でなりませんでした。それに、日本人と朝鮮人とは、べつべつの国民である、ということもわからなかったのです。わたしの知らない影の部分を、知りたいと思いました。わたしはいっしょうけんめいに考え、本も読みました。すると、こんどはどうしても書かずにいられなくなりました。[*20]

同書には日本の植民地時代を背景にした六作品が収められている。表題作の「消えた国旗」は、一九三六年第一一回オリンピック大会でのマラソン優勝者、孫基禎《ソンキジョン》選手のゼッケン（日の丸）を削除した写真を『東亜日報』が掲載しようとした事件の顚末を描いている。植民地支配が民族の誇りを踏みにじる様がありありとわかる。「エイサの話」は朝鮮人の貧しさと日本人の豊かさの対比が鮮やかである。「朴九」は土地調査事業で日本人が得をし、朝鮮人が損をし、果ては火田民《かでんみん》（焼畑農業民）になっていく様子と、文字や言葉を取り上げられることは魂を失うことくらいにつらいと書く。「人ちがい」は、内地を訪問した日本人を「チョウセン」とさげすむ一般日本人の強い差別意識を照らし出す。「プポリ（唖）」は、北朝鮮地域からの引揚者に対して、恨みをむきだしにする朝鮮人保安隊を、植民地支配の被害者として描く。「ムグンファの花」は学校生活での「皇国臣民ノ誓詞」強要・創氏改名の強要を描く。齋藤の作品は最も早い時期の女性植民者二世の自省的作品である。齋藤はたくさんの短歌で植民地支配の自責の念を詠んだ。「諺文と蔑みしハングル今学ぶ引揚者われに時貸し給へ」（一九九七年）、「日本人皆引揚げし半島の地図に分断の線引かれゐる」（二〇〇四年）、「植民地とふ言葉も知らず冬来ればペチカ温き部屋に過しき」（二〇〇七年）などがある。

青柳緑『李王の刺客』

二二回生の青柳緑は、青柳南冥（綱太郎）の娘として朝鮮時代を過ごした。父は日露戦争中に韓国財政顧問部で働き、韓国併合後に退官。朝鮮研究会を主宰し、朝鮮文化の高揚に力を注いだ人物である。子どもである彼女は父を訪ねる朝鮮の碩学たちを見て育った。その環境と敗戦後に明かされる日本の植民地支配との実態の落差は大きな衝撃だった。

親愛と善意と尊敬の交錯した環境であっただけに、その後、真実を知ったときの驚きは大きかった。解放後書かれた大ていの物語は、日本の圧制下の惨めな挿話ばかりだった。異民族の統治を受けたことが、すべての不幸の原因であったかと、裁きの鞭に堪える思いだった。

したがって、原点はその悲惨な結果を招いた、日韓併合《ママ》である。裁きの鞭に堪え、疼くような胸のしこりのはけ口としても、日韓併合《ママ》は、なぜ、どのようにして招来されたかを、わたしはどうしても詮索してみなければならなかった。[*21]

一九七一年に刊行された『李王の刺客』は、金玉均《キムオッキュン》の刺客である洪鍾宇《ホンジョンウ》を主人公にして、韓国併合の内幕を描いている。青柳は、フィクションであるが登場する日本人は実在した人物であり、「彼らの思想と行動」については、「史実を比較的忠実に踏まえたつもり」と記している。

この作品には刊行直後に韓国から反響があり、一九三二年に朝鮮を去って以来訪韓をためらっていた青柳は、一九七一年夏に訪韓を果たし好意的に迎えられている。彼女は「朝鮮の南北分断に責任ある日本人の一人として、木槿の咲く季節になると、私は切ない思いに胸をえぐられる」という。[*22]

同窓生の一人は、「三三号の青柳緑様の活字による流麗な筆致には、当時日韓《ママ》併合のさなかに存在した白楊会は、韓国をただ懐かしいという望郷の念だけで捉えることなく、史実を正しく知ることで韓国への理解を、その上で私たちこそが、心からの日韓親善を呼びかける立場にある、とおっしゃりたかったに違いありません」とその真意を理解し受け継ごうとする。[*23]

S氏（阿蘇美保子）――『生いたちの記』

S氏は「日本が植民地支配をしていたことに気づいたのはいつか」という質問に対して次のように答えた。「引揚げて来てからですね。植民地だったということ自体はわかっていたと思います。ただ、植民地の中身がわかったのは、しばらくたってからですね。やはり奈良〔奈良女子高等師範学校〕に行って、いろいろな情報を知ってからです。情報がないわけですから、情報が入ってきて初めて、植民地とはどういうものかということがわかってきて、そして私たちはどのようにあそこで暮らしてきたのか、ということを、考えなくてはいけないというふうになっていきました」。そして「そうですね。それに歴史を見る目も、やはり人間の心得や感情で歴史は動かないというのは、自明の理ですからね。やはり、その背景にある資本主義の構造的な問題というか、それと人生の関係ですよね。個人的にはいろいろとあるでしょうけれども、そういうことが基本にならないといけないと私は思っています」と語る。S氏は京城女子医学専門学校在学中に敗戦・引揚げとなり、奈良女子高等師範学校に編入学し、社会科学を学び社会の構造を把握していくなかで植民地の問題を認識していったのである。敗戦直後の民主化の進展の過程で、学生たちが貧しいながらも社会に向き合おうとする気運のなかにS氏もいた。

S氏は植民地生活を自省的にまとめた『生いたちの記』を一九七七年に自費出版した。差別語とは知らずに朝鮮人を「ヨボ」と呼んだこと、日本人への六割加俸があったこと、交通関係・行商・清掃人は朝鮮人のする仕事だと思っていたことなどが記されている。そして以下のように述べている。

朝鮮人にとっては大へんな迷惑どころか、屈辱だったに違いない。（中略）内鮮一体の美名の下に、創氏改名を強制し、朝鮮語を禁止し、神社参拝などにかりたて、批判的なものは、警察や憲兵隊に連行するという風であった。だから、街頭では、まったく朝鮮語がきかれなくなった。当時私たちは、政治的にはまったく無知であったから、何とも思わずすごしていたのである。[*24]

この本は、参考文献に山辺健太郎『日本統治下の朝鮮』（岩波書店、一九七一年）、森田芳夫『朝鮮終戦の記録――米ソ両軍の進駐と日本人の引揚』（巌南堂書店、一九六四年）、金達寿『朝鮮――民族・歴史・文化』（岩波書店、一九五八年）をあげているように、正確に史実を踏まえて書かれており、植民者としての反省が述べられている。S氏はさらに退職したのち、韓国語学習を開始するが、その気持ちを次のように述べる。

私には故郷がない。そこはもはや、平然と顔をあげて歩くことはできない外国である。（中略）敗戦時、医学生だった私は、引揚後、教員生活三二年で退職、直ちに韓国語を習い始めた。というのも、かねがね、故郷でない故郷、韓国について、あまりにも知らず、隣人として恥ずかしいと考えていたからであり、又、すでに歴史上のこととなったとはいえ、今なお終わったとはいえない植民地朝鮮の人々に対する贖罪の気持ちがあったからである。父祖の時代の責任は次代の者も又、負うべきものとしなければならない。自分が子供の頃に何がされてきたのか。[*25]

S氏は植民地支配の責任を自らの世代が担わなければならないと明確に述べている。彼女は韓国語短期研修のため三か月留学した。下宿の女主人が京城女子師範学校を出ており、そのあまりにきれいな日本語に衝撃を受けている。おそらく植民地支配での日本語強要の結果だと気づいたに違いない。このとき、かつて京城女子医学専門学校で一緒に学んだ同窓生と再会し、たどたどしい韓国語で挨拶し、歓迎を受けている。[*26] さらにノスタルジーが主流の同窓会について、「同窓会に行くと、全体としての雰囲気は、昔は良かった、あのときはこういう生活をしていて懐かしかったということだけなのですね。私は、もちろんそれはわかります。私もそうだったのですけれど、穏やかな少女時代を過ごした方が大多数なのですから。でも、ちょっともう一歩の視点がないとね、と私は思うのです」と批判的なまなざしを向けている。

I氏（和賀君子）――『残照模様』

I氏は、「そもそも日本が侵略をしていたということすら、習っていませんでしょう。だからわからない。日本だと思って暮らしていたのです」「あのようなもの〔皇国臣民ノ誓詞のこと〕も、そのときはそうだと思って聞いているけれども、切り替わったときに、敗戦で日本に帰ったり、戦争に負けたりしたときには何だったのだろう、私たちはなぜあのようなことをしていたのだろうと思いましたね」と語った。朝鮮が植民地だったとわかったのは、「戦後にこちら〔日本〕に帰って来て、本を読んだり人々の話を聞いたり、ニュースを見たり、新聞を読んだりして」だった。しかし目前の生活がまず最優先だった。仕事に追われ、子育てが終わり、夫を看取ってから時間の余裕ができると、「軍隊って何をしていたの、なぜ戦争をしなければならなかったのということが頭に。それで一生懸命に、シベリア抑留の本だとか、学徒動員の本だとか、絵の展覧会があれば見に行くし、でわかってくる」という状況だった。I氏は『きけわだつみのこえ――日本戦没学生の手記』（日本戦没学生手記編集委員会編、東大共同組合出版部、初版は一九四九年）、『女たちの太平洋戦争　1－3』（朝日新聞社編、朝日新聞社、一九九一～九二年）など多くの本をむさぼるように読んだ。「二〇〇一年わだつみ会八・一五集会」にも参加している。このように読み、行動するなかで思索を重ねていった。そして、二〇〇〇年にこう記している。「分断の悲劇の遠因は日本にある……と戦後になってやっと私達は知った。（中略）何も知らず北朝鮮で生れ、京城で育ち、しかも私は日本軍の軍属として加害者の立場にあった」[*27]。さらに二〇〇三年には『残照模様』を刊行した。そこにはI氏が半世紀以上かけて、「朝鮮って何だったんだろう」「戦争って何だったんだろう」と考え続けた過程と思いが綴られている。

　戦後五六《ママ》年生き残って来た事は運命かもしれないが之で良かったのだろうか?何かしなければならなかった事、それはやはり生き証人として戦争の過ちを語り継いで、未来に繋ぐことかと思う（中略）朝鮮に生まれ育ち暮らして来た京子〔I氏のこと〕達日本人は、殊の外望郷の思いで懐かしく暖かく親しく朝鮮半島を見つめて来た。韓国も北朝鮮も日本が植民地統治した時代のこと、あちらの人びとの「恨《ハン》」の思いが根強いことも、京子たちは在鮮《ママ》時代何一つ教わらなかった。戦後日本に引き揚げてから、朝鮮の人達の国民運動で初めて知った位だ。朝鮮の歴史も人々の思いも、もっと理解し過ちは謝り、隣国として仲良く交流して行きたいものと思う。[*28]

V氏・K氏——戦後の学習を通して

V氏は、引揚げ後、進学先の東京女子大学に復学した。朝鮮が植民地だと思ったことは、「朝鮮にいる間はなかったような気がします。引揚げてからいろいろと勉強して、こういう経緯で日本にされてしまったのだな、と思いました」。「〔大学時代に〕たいして専門的に勉強をしたわけではないですが、いろいろなことで見聞きして」「だんだんと見えて来ましたね」と語る。日本語強制などさまざまな点で朝鮮人が我慢させられていたことが、今ならわかる。

K氏は、子育てが一段落すると、東京信濃町にあったウイメンズカレッジに通い、歴史を学習した。「今まで、間違った歴史しか知らなかったものですから」「長女に高校のときの教科書をもらって一生懸命に勉強したら、自分が習ったこととはぜんぜん違ったのですね。それで勉強してみたいなと思いました」と語り、ウイメンズカレッジの卒業証書（一九七〇年四月一日付）を大切に保管していた。「やはり、一部の軍国主義者がいたのだなということが、だんだんわかってきて」「国民を全部巻き込んだのですから」と少しずつ知識を獲得してきた過程を話してくれた。

L氏（高橋菊江）――『赤煉瓦の家』

L氏は、「私も敗戦になって、植民地という言葉を初めて聞きましたから。敗戦になり八月から一一月くらいまで学校（日本女子大学校）に行かなかったから、その間に何か本を読んだのですね。その読んだ本の名前がわからないのですよ」「そうです。本当に身にしみて内容がわかったかと言うと、そうではないのですね。ただ、ああ、あの惨めな格好をした貧乏人の人たちがいたからなのだと。自分たちとは違う世界に住んでいた人たちがいっぱいいいて、そのなかで自分たちはのうのうとしていたのだ、ということがわかったのです」「野呂栄太郎の『日本資本主義発達史』（岩波書店版、一九三五年）を敗戦になってすぐ、ほどなく、それを熟読した」という。

L氏は、「朝鮮人と日本人の貧富の差は何ゆえ？」という長い間抱き続けてきた疑問が、一冊の本との出合いによって氷解する過程を次のように書いた。

日本と朝鮮が、植民地支配という日本と朝鮮の不条理で不平等な関係であることが、まるで曇り空が晴れてくるように次第に理解されてきた。（中略）一言で植民地支配と言われているが、その内容は、政治・経済・教育・文化・軍事・警察など多岐にわたり、あらゆる面からの支配と抑圧が加えられる内容であること、そのため、朝鮮人は三十五年の間、言葉に尽くせない苦痛を味わってきたということが漸く分かっていったのである。（中略）自分たち家族の生活――それが自国の利益だけを追求した日本の朝鮮にたいする「植民地支配」の結果であったことを知った驚きは大きかった。父や兄たちの犯した日本人の罪を、幼くそして全く無知な自分であったにせよ、いやそれだけにこれからは一生背負って生きなければならないのではないか、と。[29]

L氏は放送局勤務・出版社勤務を経て小説家となり、短編小説集『赤煉瓦の家』を刊行した。[30] その意図を、「これは、炎天下の砂利道をスコップで連打されながら歩む荷馬車——その馬のあえぎや、優しかったオモニの面影など今も目に焼きついているきれぎれの記憶をもとに、フィクションの力を借りて、少女の目の底に写った朝鮮民族の苦悩を探ろうと試みたものです」と記している。[31] 朝鮮人を「真面目さがない。生来なまけ者」と断じる父と、植民地支配に疑問を持ち、朝鮮民族の苦悩に思いを寄せる長兄の対立。そして長兄の死。使用人オモニの貧しさと、ある事件を契機に父に解雇されるオモニが発する、「ワタシニハ　ハタラクトコロモ　スムトコロモ　アリマセン。ワタシト　ワタシノムスコタチノ　イキルコトヲウバウノハ　アナタノオトウサマタチ　ニホンジンデス。エイキュウニ　サヨウナラ」という言葉には、植民地支配への強烈な批判が込められている。

　自らはこのように植民地責任を自覚しているものの、「現在、朝鮮が植民地だったことを、本当の意味ではなくてもわかっている人や、そういう意味を感じている人というのは、ごく少数なのでしょうね」「私は少ないと思うけれどもね。朝鮮の人は貧しくて、可哀そうだったとその程度は大部分の人が思っていると思いますが、同

情とかね」「でも、それ以上の仕組みだとか、日本がどういう立場だったとか、そういうことを知っている人は一割もいないのではないかしら」と、日本の状況に悲観的な思いを語っている。

L氏は、これ以外にも多くの作品を発表している。

池田正枝――『二つのウリナラ』

池田正枝は戦後アムネスティ会員となり、その活動のなかで朝鮮で育ったことを思い返すことになった。

アムネスティ会員になって、南アでの差別のひどさに愕然とした日、考えれば私達が植民者として同じ事をしてきた事に気がつきました。幼児を家庭に残したままの中年婦人を本名も知ろうとしないまま「オモニ」と呼んで下働らきを平気でさせていた事、学校では子ども達に朝鮮語禁止、日本の歴史を教えても朝鮮の歴史を知ろうとする子どもは危険児のレッテルを貼る時代でした。日本人には六割の加俸がつきました。テレビ画面で観た「私は黒人を差別したことはありません」と叫んだ白人少女の姿、それは私達そのままでした。無知だったのです。ソウルでかつての教え子達が挺身隊即慰安婦ということで苦しんでいるのを知りました。あと僅かの人生の私ですが、従軍慰安婦問題にも取り組んでいこうと心にきめました。来年、福岡での同窓会に、ぜひ皆さんと、こうした事を考える時間が欲しいと思います。この地下壕で働いたのも強制連行された朝鮮の方々でした。今やっとその事への声があがりはじめました。[*32]

一九九九年には『二つのウリナラ』を刊行した。[*33]「朝鮮人が日本人になるのは幸せだ」と信じ、普通学校で教師として朝鮮の子どもの皇民化教育に邁進し、計六名を女子挺身隊へ送り出したことへの悔恨・謝罪の旅が描かれている。その結果、池田は「観光での訪韓は絶対にしない」と誓い、教え子を訪ね歩くことを自らに課した。父が金融組合に勤務したことを、「父は朝鮮の方を苦しめた」[*34]「朝鮮の方をいじめつくし中国の人を更にその下におきというひどい事をした世代である」[*35]と記している。

以上が、植民者としての責任を自覚し発信していったインフォーマントや同窓生たちである。気づきとそれを放置せずに考え続けていくことで、植民地責任をとらえることが可能となった。

5　植民者であることの葛藤――T氏（堀内純子）

T氏が博多港の片隅に「侵略者のおまえらがかえってくるから、われわれが餓える」という貼り紙を見つけ、激しい衝撃を受けたことはすでに述べた。一六歳の少女にとっては胸を突き刺される痛みだった。このときからT氏は日本の植民地支配について認識し始める。「敗戦後、いろんな人に聞きました。一六歳でした。ショックでした」。T氏は、長い療養所生活を経たのちに児童文学者として自らの体験を語り始める。

加害者の悲しみ――『はるかな鐘の音』

約三十数年の時を経て、T氏は『はるかな鐘の音』を刊行した。[*36]病床にあるみゆきら三人の少女の病室に、すでに亡くなっているものの、魂としてさまよっている小島ユキがあらわれ、話をすることで植民地時代の京城へタイムスリップしていく。ユキに体験を語らせることで、T氏の植民者としての胸にたまった思いを昇華した作品だと言える。いくつかの場面を取り上げてみよう。

敗戦間近、米軍が空からビラをまく。朝鮮語で書かれたビラは朝鮮人に対してともに日本と戦うことを呼びかけたものであった。わけもわからずそのビラたばを拾ったユキたちは、朝鮮神宮で小石を大鳥居に投げていたが、投石を厳しくとがめた社務所の男が、持っていたビラたばを発見して顔色を変え、「どこの学校だ！」と詰問する。恐怖でいっぱいになり学校名をやっとのことで言うと、電話で学校に確かめたとたん、「おまえら、日本人なのか」「なんだってそれを先にいわないんだよ」と態度をくるりと変える。掌を返した対応に心が深く傷つくユキ。ここには「疑わしい者はみな朝鮮人」と見てかかる植民者の典型が描かれる。そしてこうした一種狂気とも言える植民地の状況を、「わけのわからない時代」と記す。「日本人は、韓国人《ママ》の心まで自分のものにしようとして、反抗をおそれるあまり、頭がおかしくなっていたのね」と皇民化政策が批判される。そして敗戦のまさにその日に、「マンセイ」と叫び喜ぶ朝鮮人のうねりと、朝鮮神宮の大鳥居に向かって朝鮮人たちが石を投げ続ける場面を描いている。

三人の兵士が登場する。水飲み百姓の〝黒鬼さん〟、〝魚屋さん〟、国民学校訓導に似ている〝柴田先生〟は、ユキたちにあんころ餅を食べさせたりしてとてもやさしい。「おじさんたちって、ほんとにほんとの兵隊さん？」とユキたちは聞いてしまう。「銃剣をかまえて突撃したり、大砲をぶっぱなして建物をめちゃめちゃにしてしまったりするニュース映画の兵隊さんと、この人とはどうしてもかさなりあわない」とユキは思う。しかし実は黒鬼は北支戦線で〝鬼の岩本〟という異名をとった兵士であった。T氏はこの三人の兵士を、それぞれに背景があり、ふるさとの母や家族をなつかしむ人間として描く。そして現在に生きるみゆきたち三人の少女の会話のなかで以下のように展開させる。

「わたし、いつか先生に教わったわ。日本の兵隊は、中国でとてもいけない、ひどいことをしたのだって」

「あんた、ばかねえ」「黒鬼さんは子どもや歌のすきなやさしい人よ。そんな人がどこにいたって、いけないひどいことをなんてするわけないじゃない」

「でも日本人が中国でわるいことをしたのは事実なのよ。日本人として、絶対にわすれたりごまかしたりしてはいけない事実なんだって、先生はおっしゃったわ」

みゆきは目をつぶっていました。いろんな考えが、熱のある頭いっぱいうずをまいていました。もちろん、黒鬼さんはひどいことなんかしたはずがない。でも、でも、それならばひどいことをしたのはだれなのだろう。（中略）その人たちをねじまげてしまったもの、それはなんだろう。みゆきにはわかりませんでした。

ふつうの人間である兵士が侵略者・殺人者となってしまうことをつきつけられ、混乱し、葛藤する少女たち。それでも兵士を狂気へと導くものをつかもうとする姿や、侵略した人間・殺人を犯した人間がその重みに苦しむ姿をも描いている。*37

南山の林のなかでユキと幼なじみの修が美しい花を見つけ夢中で摘み取る。白い朝鮮服の男があらわれ朝鮮語で鋭く叫び、修の手から花束をたたき落として修を殴った。白い朝鮮服の男は「山の番人」。息子が山の木を切ったと日本人に捕らえられた。泣いて頼んでも許してもらえなかった。だから花を摘んでいた日本の子を「このどろぼうめ」とぶん殴った。ビャクシン（柏槙）の木が言う。「これまで、山は、いつもみんなのもので、みんなが自由に出入りし、ありさえすれば木を切ってよい場所だったのだから。山はみんなの先祖からのみんなへのおくりものだった。親も、その親も、そのまた親も、みんなそうやって、そこから燃料を得て生きてきた。それがこの国のならわしだったのだ」。そして木を切って捕らえられた若者の悲劇を語る。「山はよみがえった。たしかにそれは偉大な業績だ。だが、若者は首をつった」と。

朝鮮総督府の森林政策については、同じ植民者二世である村松武司の次のような厳しい指摘がある。

日本人は木を愛したかもしれない。自然と風致をそこなうものを憎んだかもしれない。しかし、朝鮮人が木を愛さなかったのではない。自然をそこないたかったのでもない。まさに洪水と乾燥のなかで、そのなかに生きていたのである。日本人が自己の自然観を自賛するのはよろしい。しかしそのような自然は存在しない。自然はいつの場合でも対象ではない。それはそこに生きることを意味するものだ。日本人植民者には、自然のなかに生きる、まさにその部分が決定的に欠けていた。[*38]

村松は朝鮮人の暮らしそのものを理解しなかった植林政策と、それを自画自賛する日本人の傲慢さを批判する。事実T氏の父は山に木を植える仕事をし、それを誇りにしており、[*39]浅川巧とも知り合いであった。T氏も父の仕事を誇らしいと思って成長した。だがこの作品では日本の山林政策が朝鮮人を苦しめた側面に目を向けている。それがユキの苦しみ・悲しみとして表現されている。

最後にT氏は植民者二世の責任を問う。ビャクシンの木が言う。「日本は韓国を侵略した」「よくおぼえておきなさい。これはまぎれもない事実、日本の歴史から消し去ることのできない汚点なのだよ。だが、なかに善意の人がいなかったとは思わない。あんたの父上もそのひとりだろう。しかし……」。ここには小さな善意などを押しつぶし、時には巧妙に利用する植民地支配への示唆が込められている。そして父は善意であったと仮定しても、ユキは自分が許せない。「わたしはなにもしなかったんだもの。父の仕事のうえにのんびりとすわりこんで、いい気になってた。良い家に住み、良い学校に通い、あの国の食料を食べ、それをごくあたりまえと思って、うたがってみようともしなかった。それはやっぱり思いあがっていたからなんだわ。力であの人たちをねじふせるてつだいをしていたのよ」。「子どもにも大人にも同じ重さを持つ罪というものだってあるわ。(中略)あの人たちを人間として見ていなかったのだから。風景のようにしか見ていなかったのだから。それは、あの人たちをねじふせる力のもとになっている、いちばん深い罪だったのだわ。あの人たちの怒りや悲しみを、わたしは知らなかった」。被植民者を「個々人として見ることができなかったし、見ようとしなかった」。彼らの「主体性」を見ることができなかった。[*40] そうした自分たち植民者の生活そのものが植民地支配を支えていたという明確な認識がここに示される。それはまた、子どもでも罪は免れないという認識である。

さらに、「自分でえらんで韓国にいったんじゃないわ。生まれてみたら韓国だったんだわ。だれだって自分の生まれる場所をえらぶことなんか、できないのよ」という反論に対して、朝鮮半島には「百万人近い」日本人がおり、暮らしていた。移動した人もいるが、生まれた人もいる。「これがよその国をのっとることなのよ。うまれてきたこと自体が、わたしたちの罪だったの」「わたしにふるさとはないの。あそこをふるさとだなんていってはいけないの。あそこはもちろんあの人たちのものだし、わたしはあの人たちをさげすんだことがあるのですもの」と答える。ユキは、「この重荷はずっとずっといつまでも負いつづけなければいけない」と自分を追い込んでいく。

ユキは原罪を感じ完全なる自己否定に自分を追い込みながらも、しかしその一方で朝鮮が故郷という思いも捨てきれない。「でも、わたしのふるさとはあそこだわ。あの、くらくらするほど青い空。すきとおる山脈(中略)。だれよりも深く愛しているわ。……でも、やっぱりあそこはわたしのものじゃない。わたしはあそこには帰れない。だからさまようのよ、いつまでも」。

T氏はこのように、死者でありながら魂としてさまようユキという人物を設定することで、自らのなかにある「植民者二世として生きた自己を否定しなければならない。しかし全否定することはあまりにつらい」という葛藤を描いたのである。

そして作品の結末でT氏はユキに救いを与えた。それは在日朝鮮人のヨンスギさんの登場によってである。ヨンスギさんは、「ゆるされてはいけない、存在してはいけない人間だった」と自己を全否定するユキに対して、「生まれたらふるさと。あなたのふるさとはソウル。わたしたちはふるさとのきょうだい」「愛しあうことです。おたがいをつつむことです」という言葉を投げかけ、この言葉に救われてユキの魂はふるさと朝鮮へと帰っていくのである。

この救いを生ぬるいと批判することはたやすいかもしれない。本書では、T氏の葛藤を追うことが目的なのでその点は論じない。ただこの救いの結末はT氏の実体験に基づいていた。T氏は一九八〇年に新聞連載で、「長い間、抱きつづけてきた」「加害者の悲しみ」について記している。[*41]それは「出口のない迷路のような世界」だった。この迷路の世界にひとすじの光を与えてくれたのが、ある韓国人の来訪とそのときの言葉、「生まれたらふるさと。私たちはふるさとの兄弟」であったという。[*42]「植民者二世として生きた自己を否定しなければならない。しかし全否定することはあまりにつらい」という葛藤を書いた植民者二世のT氏は、被植民者であった韓国人の言葉によってそうした苦しさ・悲しさから救われたのである。

対話を拒絶する壁——「ユッコの道」

一九八九年からT氏は「ユッコの道」を連載し、植民者と被植民者を隔てる厚い壁について書いた。[*43]

主人公ユッコは、「うちのまわりと学校には、日本人しかいない」、朝鮮人も朝鮮語も知らない世界に生きている。ある日家の塀の前に人の気配がした。わけのわからない言葉（朝鮮語）で何かしゃべっている。頭が二つあるようだ。おそるおそる見たところ、灰色のぼろの塊が動いていた。「子どものこじきよ。ほんものの」と気づく。朝鮮に日本人の乞食はいないのでユッコはそれまで乞食を見たことがなかった。ぼろにくるまれ、髪の毛はぼさぼさの二人は空き缶から何か食べている。ここでユッコは思う。「今ユッコがすること、それはわかっている。こじきのことなら専門だ。もちろんなにかあげなくてはならない」。でもユッコは自分が何も持っていないことに気づく。母や使用人のねえやに言えば「叱られるにきまっている」。思案の末ユッコは庭のクローバーの花を摘み、姉の帰宅に備えて整えられていた食卓上のおやつからビスケットをポケットにいれた。意を決して玄関を出、門まで歩いていくと、姉が真っ青な顔で門のところにあらわれる。小学校から帰宅した姉の目の前で、その二人が警察に連れ去られたのだ。姉は言う「ひとりはおできだらけで」、「もひとりの子は……。目が……目がつぶれてた」と。ユッコの小さな同情と善意の施しはこうして粉砕される。

京城第一高女に進んだユッコ。あるときにわか雨にあう。後ろから激しい雨にたたかれてやってきた朝鮮人のおばあさんにユッコは傘をさしかける。おばあさんは朝鮮語でしゃべり、身振りで自分は下の朝鮮人町へ行くし、ユッコは上の日本人町に行くのだからと拒絶する。ユッコは粘って傘をさしかけ一緒におばあさんの家に向かう。おばあさんは困ったように手を振って拒絶の動作をし続ける。一緒に歩きながら「おばあさんがかならずしも喜んではいないらしいことはユッコにもわかった」が、びしょぬれのおばあさんを放置できないので、「ことばのまったく通じない相合い傘のふたりは、どしゃぶりの雨のなかを歩きつづけ」「おばあさんはあきらめて無言になった」。朝鮮人町に入り、おばあさんが一軒の朝鮮ふう家屋の前でふいに立ち止まり、「ユッコの傘からとびだすと、一目散にその家にかけこんでいった」。おばあさんを迎えた家の子どもたちは「あやしむように」ユッコを見つめた。ユッコは思う。「ユッコから解放されたとたん、生き返ったようにしゃんとしていそいそ歩き始めたおばあさん。家の中から、ユッコのようすをうかがっていたこどもたち。あれはいったいなんだったのか」と。

ここには植民者がいくら善意で被植民者に対そうとも、厚い壁があることが描かれている。言葉も通じず、気持ちも通じない、善意がむしろ相手に恐怖すら与えかねない対話不可能な世界である。被植民者にとって、日本人はたとえ少女であってもそのような存在として映っていたのではないかという問いかけであり、自らが植民者二世としてこうした生活をしていたことへの息苦しさが描かれている。

T氏がおそらくこのように描いたのは、かつて書いた植民地京城を舞台にした童話につけられた挿絵を見て、「どきっと」した体験からだと推測する。その挿絵は「いじわるそうな日本人の子どもと、その視線に射すくめられてうなだれている朝鮮人の子ども」であった。「私はその絵をみて初めて、私たちに対する他者の目を知ることができたのだった」。「私たち日本人は、そこにだれもいないかのように、それほどわがもの顔にあの土地にくらしていたのである」[*44]。

この作品は植民者二世として生まれた少女の成長過程に則して、少女の目線から植民地で植民者として暮らしたことの意味を問い直そうとしたものであった。

植民地支配と個人の責任――『葡萄色のノート』

T氏は二〇〇二年に『葡萄色のノート』を刊行した[*45]。

この作品は、T氏の母が遺品として残したノートがもとになっている[*46]。祖母ユキが孫の梢にソウル行きのチケットをプレゼントするという設定で、梢がタイムトラベラーとなり、敗戦をはさんだユキの家族の歴史を知っていくことになる。梢の友人の言葉として、「日本はね、昔、韓国をひどいめにあわせたの」という現在の地点からの認識が示されるとともに、京城時代のユキの姉の友人の言葉で次のように語られる。

あのね、わたしたちってほんとはここに住んでちゃいけないんだって。ここにいていいのは、朝鮮人だけなんだって。

ここは朝鮮で、日本じゃないからよ。ここにきて住んでいる日本人は、奪っていることになるんだって。罪のない日本人は、ひとりもいないんだって。

友人の父は牧師で、いわゆる危険思想の持ち主と目されており、この家族はある日突然姿を消す。敗戦によって引揚げ、療養生活を送るユキは次のように考える。

戦争が悪いことだったなんて、わたしはぜんぜん知らなかった。他の人はみんなそれを知っていて、でも、いうとおそろしい目にあわされるので黙っていただけなのだという。日本人が朝鮮に住んではいけなかった、ということだってそうだ。わたしは、わたしたちがそこに住んでいることを、ぜんぜん悪いなんて思っていなかったから……。だって父さんの仕事は、この世で一番いい仕事だもの……。それがいけないことだったといわれると、もう全部否定されたと同じ。とにかくわたしは、生きていてはいけない人間なのだ。わたしたちは侵略者という悪者で、それが日本にのこのこ帰ってきたせいで、食糧不足になり、大勢の人が飢死することになるのだという。

ここには一六歳で引揚げ、博多埠頭の片隅の貼り紙に衝撃を受けたT氏が抱え込んだ苦悩が書かれている。尊敬していた父をはじめとするすべての植民者への全否定と向き合わなければならなかった苦悩が。

引揚者へ向けられた「侵略者」という断定的まなざしをユキは次のように語る。

でもね、みんながみんな、そういうんだよ。まわりにいるふつうの日本人も、本や新聞やラジオの人たちも。世論というのかねえ。ともかく繰り返し繰り返し、みんなにいわれ続けていたら、わたしは悪い存在なんだわ、と思うようになってしまうよ。子どもだったから。もうこっちはギブアップしているのに、まだ打ちのめし続けてくれる、そりゃ、もう圧倒的な力だもの、さからいようもなかった。

そして「自分は生きていていいのだろうか」「自分は侵略者なのに、こうして生きていていいのだろうか」と自問し続ける。そのあげく一度はそういう思いを封印する。「京城のことは考えない。しっかりと心に鍵をかけてしまったから」というくだりでそれが示される。

しかし思いを封印しつつもT氏をとらえて離さなかったのが、植林事業に一生をささげた父のことであった。朝鮮の山にすべてをささげた父を侵略者と断罪されることに対する違和感・抵抗である。T氏は一九八〇年の時点で父について次のように書いていた。

父が山に木をうえつづけたことは、日本が朝鮮を不幸にしたこととも、主義思想とも、人種の違いともまったく関係のない、ただ人間としてりっぱな仕事だったのだと、現在でも私は思っている。そう思うことだけは、自分で自分に許しているのである。もちろん、父と私は別の人間なのだから、父の仕事の上に私があぐらをかくことができるとは夢にもおもっていないけれども。[*47]

父の仕事を免罪符にはしないが、その仕事だけは否定されたくない思いがあった。

「自分の親を侵略者だとはどうしても考えられなかった。あんなに一所懸命あの国の山に尽くしたのを、しっかり見てしまったのだもの。それをひとくくりに悪いことと決めつけていいのだろうか」と語るユキ。姪のマミは、「日本はおろかな侵略戦争をしたけど、おじいちゃんのしたことは、別」「禿げ山に木を植えることは、この世でいちばんすてきな仕事だもの」と言う。しかしこの言葉に対して、さらなる問いかけがある。「人は他人のために尽くす。本気で尽くす。その結果、仕事そのものは成果をあげる。でもそれは必ずしも相手の喜びとはつながらない」。ここでは『はるかな鐘の音』で描いた植林事業への批判が繰り返される。最後に梢が、「日本の国がしたことは、もちろん悪いにきまっているよ。そして山のことが、日本の政策とまったく関係がなかったとはいえないと思うよ」「日本のしたことは悪いけど、だからって善意の人がいたことを否定することはないもの」と語る。このやりとりのなかで国策の遂行と個人の責任という問題をあぶりだすのである。

この問題の決着は作品においては、次のように閉じられている。

昔のことがはっきり見えるのは、それからたくさんのときがたっているからだ。今の目で昔を裁くのは簡単だけど、そこにかかわって生きてきたひとりひとりの人たちを裁くのは間違っていると思うな。

「あとがき」においてT氏は、植民者を「「国益にかかわった侵略者」とくくってしまう権利がだれにあるのだろう。国の方策と、そのなかに生きた人を一緒にしてはいけないのです。いろんな人がいた。善意の人だっていた。それをきちんと言うことは大切なことではないでしょうか」と記している。、植民地支配と個人の責任について提起したのである。

善意の植民者が植民地支配で果たした役割についてはすでに鋭い指摘があるように、善意が支配を支えるということがあった。[*48] この問題に関して、高崎宗司の浅川巧研究をめぐっても次のようなやりとりがある。梶村秀樹は、「苦渋の末に創造された浅川巧の魅力的な生き方にぶらさがって、安直に免罪符や日本人としての救いを手に入れるわけにはいかない」と指摘した。[*49] これに対し高崎は、「そのとおりである。しかし大事なことは、巧を日本帝国主義の手先であったとして切り捨てることではない。なぜならあの時代の朝鮮支配について、日本政府の共犯者であるという責任から免れられる日本人は、ただの一人として存在しえなかったからである。そして、その矛盾の中にキラリと光るものの正体を見極めることこそが大切なことだからである」と述べている。[*50] T氏もまた、日本政府の共犯者であるという責任から免れられる日本人は、ただの一人として存在しえなかったというなかでの、植民者個々人の姿に目を向けることを提起したのである。

このようにT氏は作品を発表することで思索を重ねてきた。ここには自己を全否定しきれずに葛藤しつつゆれうごく過程が見える。森崎和江のように完全に自己を否定することはできないが、しかし植民者であった自己を見つめなければならないという強い姿勢がある。植民者としての自己に誠実に向き合い葛藤を重ねている。小田実は、被害体験に寄りかかって建設された平和と民主主義の強さと弱さについて書いた文章のなかで、要求されるのは、「自己の内なる加害者体験（あるいは、その可能性）を自覚し、それを他者の加害者体験と同時に、しつように告発していく態度」だと指摘している。[*51] T氏の歩みで見てきたように、問い続けるという行為自体が内なる植民地主義を自覚し克服していくことにつながると考える。

おわりに

一九四五年八月一五日以後の日本は、大きな激動を経ながら「平和的文化国家」を志向する国として歩み始めた。平和への希求は国民全体を覆った。その一方で戦争の加害・植民地での加害という問題は後景に押しやられた。加害の総括を抜きにし、被害者意識を基盤とした平和というものが危ういものであることは、小田実が早くから指摘していた。最近では、被害体験によりかかった平和と民主主義の危うさについて同様な指摘がある。[*1] 筆者は本著作での研究に取り組むなかで、こうした平和意識をどれだけ積み重ねても、戦争の加害責任や植民地責任の自覚には至らないのではないかと思うようになった。これが本書を世に問うてみたいと考えた理由である。

本書では、京城第一公立高等女学校同窓生の植民地経験に焦点を当てて述べてきた。本書の目的の一つは、インフォーマントを含む同窓生にとって植民地とは何だったのか、少女たちの目に植民地はどのように映っていたのかを明らかにすることだった。彼女たちが体験した多くの出来事をつなぎ合わせることで、植民地に生まれ暮らした女性植民者二世の生活世界を再現することであった。当初から構造的強者であった彼女たちは豊かな暮らしを享受した。学園生活は厳しい規則もあったが、レベルの高い教育を受け、多彩な行事もあり、自我形成を促す開放的なものであった。進取の気性に富んだ植民地的気質とでもいうものを身につけたのである。

その一方、生活のなかで少女たちは植民地主義を内面化していった。植民地であることを違和感なく受け入れさせる植民地支配の構造的な力がそこには働いていた。なかには植民地支配の亀裂を垣間見た者もいたが、小さな疑問を持ったとしてもそれをつきつめて考えるには幼かった。被植民者である朝鮮人は、人格を持った個人＝主体としてではなく、単なるあたりまえの風景として把握されるに過ぎなかった。植民地支配の不可視化である。

豊かさのうえに成り立っていた生活は、日本帝国の崩壊によってただちに拠り所を失い混乱に陥る。その混乱は、「私たちにとっては敗戦が始まりだった」という言葉に集約される。インフォーマントにとって、敗戦は「解放」でも「安堵」でもなく、「戦いの始まり」だった。権力関係の逆転、朝鮮人を支配し蔑んでいたことに少女たちは気づき、敗戦国民となった苦い思いを身をもって体験する。帝国の崩壊による一人ひとりの敗戦体験は、相違がありながらも抱え込んでいた植民地主義をゆさぶる契機となった。

祖国日本への帰還・そこでの「引揚者」への冷遇と差別は、インフォーマントにとってつらいものだった。帝国の崩壊で国家に見捨てられ、帰還した祖国も彼女らを守ってくれなかった。二重に裏切られたのである。生活基盤を持たなかった者は、生活再建に追われ、仕事・結婚・子育てと日々の暮らしにせいいっぱいだった。

しかし、植民地支配は終わっても、彼女たちの植民地経験は終わらない。植民者二世であったことを反芻しながら生きていくことになる。戦後の暮らしの足もとで植民地経験を反芻し考えていくのである。本書の二つ目の目的は、それぞれの生を生きていくなかで、植民者二世であることをどのようにとらえ返し、認識を深めていくのかを明らかにしたいということであった。そして女性植民者二世は、植民地主義をどのように克服しようとするのかを解明することであった。

本書では、既存の研究で明らかにされた、森崎和江に見られる「完全なる自己否定」から出発するという一つの典型以外の、四つのタイプを提示した。まず内なる植民地主義の自覚までは至らないが、植民者二世であったことに「居心地の悪さ」や、「何も気づかなかったことへの痛みと申し訳なさ」を抱えるという二つのタイプを提示した。彼女たちは、植民者であったことを自省するほど内的葛藤を抱えてはいないが、自省を促す契機は彼女たちの前に開かれていると筆者は考えている。

次に植民者二世であったことを自覚し、反省している八名を示した。内なる植民地主義を克服し解体する地点に行きついたインフォーマントと同窓生である。この八名はそれぞれの気づき・疑問を放置せずに思考を重ねていった。筆者はこの「思考を重ねる」という過程が非常に貴重なものだと考える。植民地での経験を反芻しながら思考を重ねることは、時として身を切られるつらさを伴うものだったと推測する。そうした苦渋に満ちた過程を経たうえで、なかには著作というかたちで自らの経験を発信している彼女たちに、心からの敬意を表したい。

もう一つのタイプとして、葛藤し続けるT氏を取り上げた。T氏もまた植民者二世であったことへの自覚と反省に達した一人である。この点では先の八名と共通している。ただもう一点、T氏の提起した独自の問いは、「植民地支配と個人の責任」ということであった。ここで立ち戻らなければならないのは、植民地責任の固有性や、丸山眞男の指摘であるだろう(本書序注28)。この提起は歴史学の植民地責任研究へ問いを投げかけるものであると筆者はとらえる。T氏は葛藤し続けたが、この「葛藤し続ける」過程は、「思考を重ねる」と同義である。このような営為が植民地主義克服へと道を開くものと考える。

今、日本にはヘイトスピーチがネット上にあふれ、排外主義的思考が社会に漂っている。沖縄然り、福島然り植民地主義的思考が社会を覆っている。このような社会状況において、自らの内なる植民地主義をとらえ返し、克服しようとしたインフォーマントや同窓生の思想的営為は社会を変えていく力を持つものである。

筆者が意図したことが、本書でどの程度達成されたかは、読者の判断に待つしかないが、本書が植民地責任研究、なかでも女性の植民地責任研究にささやかな成果をつけ加えることができれば幸いである。

【注】

序

＊1　詳しくは吉田裕『日本人の戦争観——戦後史のなかの変容』岩波書店、一九九五年参照のこと。ただし、山田昭次は一九七八年に満洲移民についての研究で、ソ連参戦、中国人・朝鮮人農民の襲撃のなかで、軍人たちは逃亡し「植民地支配の責任が最も少ない民衆がその責任を取る結果となった」と指摘し、早い時点で植民地支配の責任という概念を提起していた。同「ふりかえる日本の未来——解説・満州移民の世界」同編『近代民衆の記録6　満州移民』新人物往来社、一九七八年、四六頁。

＊2　水野直樹編『生活の中の植民地主義』人文書院、二〇〇四年、七頁。

＊3　ダーバン会議については、ダーバン2001編『反人種主義・差別撤廃世界会議と日本』月刊『部落解放』第五〇二号、二〇〇二年五月号増刊に詳しい。

＊4　永原陽子「「植民地責任論」試論——ヘレロ補償問題を手がかりに」『歴史評論』第六七七号、二〇〇六年九月。

＊5　板垣竜太「植民地支配責任を定立するために」岩崎稔・大川正彦・中野敏男・李孝徳編『継続する植民地主義——ジェンダー／民族／人種／階級』青弓社、二〇〇五年、二九六頁。

＊6　同右、二九八頁。

＊7　注4、永原「「植民地責任論」試論」。

＊8　同右、また、永原陽子「序「植民地責任」論とは何か」同編『「植民地責任」論——脱植民地化の比較史』青木書店、二〇〇九年、二八—二九頁。永原は、現にある植民地支配の「被害」の修復を重視する「植民地支配責任」論と問題意識を共有しながらも、あえて「植民地責任」という語を用いる理由を、主として欧米の奴隷貿易・奴隷制と植民地支配の歴史を扱ううえで、より広い射程をもった概念が必要だからだとする。永原は、植民地主義の歴史をめぐる人々の理解や認識の変化を探り、それを現代史のなかに位置づけて

とらえることに主眼を置いている。植民地支配のなかで生を受け、その支配の一端を担うことになった日本人女性の経験を通して、植民地支配の歴史を考察するという課題意識から、筆者は永原の指摘に同意し、「植民地責任」という概念を使用する。

＊9　注2、水野編『生活の中の植民地主義』。

＊10　植民地主義についてはさまざまな議論があるが、筆者はユルゲン・オースタハメルの定義＝「集団間の支配・被支配の関係であり」「植民化された側の生存方式についての基本的な決定が、文化的に別種の、ほとんど適応意志のない支配側の少数集団によって、外部の利益を優先的に顧慮して行われ、かつ実施される」、また、植民地主義の思想には「植民地先住民を、宥和できない異質の存在とする意識」「植民地化を高位の文明に浴させる道とする思い込み」「植民地を純化された行政のユートピアと見なす」という三つの基本要素がある、という指摘に従う。ユルゲン・オースタハメル（石井良訳）『植民地主義とは何か』論創社、二〇〇五年、三七頁、二一九頁。

＊11　任展慧「朝鮮統治と日本の女たち」もろさわようこ編『ドキュメント女の百年5　女と権力』平凡社、一九七八年、八七－八八頁。

＊12　高崎宗司「緑旗連盟と「皇民化」運動」『季刊　三千里』第三一号、一九八二年八月。

＊13　森崎和江『慶州は母の呼び声――わが原郷』新潮社、一九八四年、二二六頁。

＊14　詳しくは歴史科学協議会編『女性史研究入門』三省堂、一九九一年、一三五－一四〇頁参照。なおこの時期になぜ女性の戦争責任という研究が成立してくるのかという点については、米田佐代子「平塚らいてうの「戦争責任」論序説」（「特集　戦争参加と女性」）『歴史評論』第五五二号、一九九六年四月参照。

＊15　加納実紀代「満州と女たち」『岩波講座　近代日本と植民地5　膨張する帝国の人流』岩波書店、一九九三年、二〇一頁、二一八頁。

＊16　石井智恵美「淵沢能恵と「内鮮融和」――日本の朝鮮統治下における女性クリスチャンの一断面」『基督

教論集』第三五号、一九九二年三月。
＊17 広瀬玲子「女性にとって15年戦争とは何であったのか――「満洲」認識を中心に」『アジア女性史国際シンポジウム報告論文集』一九九六年三月、一〇〇頁、一〇三頁。このシンポジウムの成果については、林玲子・柳田節子監修／アジア女性史国際シンポジウム実行委員会編『アジア女性史――比較史の試み』明石書店、一九九七年参照。
＊18 다바다 가야「식민지 조선에서 살았던 일본 여성들의 삶과 식민주의 경험에 관한 연구」梨花女子大学校大学院碩士博論文、一九九六年五月提出、未公刊。
＊19 咲本和子「「皇民化」政策における在朝日本人――京城女子師範学校を中心に」津田塾大学修士学位論文、一九九六年提出、未公刊。同「「皇民化」政策期の在朝日本人――京城女子師範学校を中心に」『国際関係学研究』第二五号、一九九八年。同「植民地のなかの女性教育」『知の植民地支配』社会評論社、一九九八年。
＊20 洪郁如「日本の台湾統治と婦人団体――1904～1930年の愛国婦人会台湾支部に関する一試論」『立命館言語文化研究』一〇－五・六、一九九九年。
＊21 「特集にあたって」（特集「帝国」・植民地の女性）『歴史評論』第六一二号、二〇〇一年四月。
＊22 河かおる「総力戦下の朝鮮女性」（特集「帝国」・植民地の女性）『歴史評論』第六一二号、二〇〇一年四月。
＊23 粟屋利江「白人女性の責務（The White Women's Burden）――インド支配とイギリス人女性をめぐる研究動向」（特集「帝国」・植民地の女性）『歴史評論』第六一二号、二〇〇一年四月。
＊24 「特集にあたって」（特集　東アジア女性の「帝国」観と植民地認識）『歴史評論』第六二四号、二〇〇二年四月。
＊25 米田佐代子「「帝国」女性のユートピア構想とアジア認識」（特集　東アジア女性の「帝国」観と植民地認識）『歴史評論』第六二四号、二〇〇二年四月。

＊26　金炅一「植民地期朝鮮の〈新女性〉――その他者認識とアイデンティティ」（特集　東アジア女性の「帝国」観と植民地認識）『歴史評論』第六二四号、二〇〇二年四月。

＊27　主要なものとして、富坂キリスト教センター編『女性キリスト者と戦争』行路社、二〇〇二年。早川紀代「女性の対抗するアイデンティティ――帝国日本と傀儡国家満洲国」東海ジェンダー研究所『ジェンダー研究』第五号、二〇〇二年一二月。広瀬玲子「『婦女新聞』に見る満洲認識――戦争とジェンダー」『北海道情報大学紀要』第一五巻第二号、二〇〇四年三月。早川紀代編『戦争・暴力と女性3　植民地と戦争責任』吉川弘文館、二〇〇五年。朴胤辰「大日本婦人会朝鮮本部（1942-45）의 결성과 활동」梨花女子大学校大学院碩士博論文、二〇〇七年七月提出、未公刊。堀内真由美『大英帝国の女教師――イギリス女子教育と植民地』白澤社、二〇〇八年。히로세 레이코「대한제국기 일본 애국부인회의 탄생」『여성과 역사』一三、二〇一〇年。広瀬玲子「植民地朝鮮における愛国婦人会――1930年代を中心に」『北海道情報大学紀要』第二二巻第二号、二〇一一年。平子（広瀬）玲子、平成21-23年度科学研究費補助金（基盤研究(C)）研究成果報告書『帝国の少女の植民地経験――京城第一高等女学校を中心に』二〇一二年。広瀬「植民地から本国へ――ある女性植民者二世の葛藤」『移民研究年報』第一九号、二〇一三年三月。同「植民地支配とジェンダー――朝鮮における女性植民者」『ジェンダー史学』第一〇号、二〇一四年。同「植民地朝鮮における愛国婦人会――韓国併合から満州事変開始まで」『北海道情報大学紀要』第二八巻第一号、二〇一六年。同「朝鮮における女性植民者二世――京城第一公立高等女学校生の経験」『梨花史学研究』第五三輯、二〇一六年。同「植民地朝鮮における愛国婦人会――満州事変から日中戦争開始まで」『北海道情報大学紀要』第二九巻第一号、二〇一七年一二月。同“The Identity of Second Generation Colonizers :Focused on Female Colonizers”『여성과 역사』二七、二〇一七年。同「植民地朝鮮における愛国婦人会――併合から満洲事変までの軍事援護と救済活動」今西一・飯塚一幸編『帝国日本の移動と動員』大阪大学出版会、二〇一八年など。

*28 丸山眞男は、「問題は白か黒かということよりも、日本のそれぞれの階層、集団、職業およびその中での個々人が、一九三一年から四五年に至る日本の道程と進行をどのような作為もしくは不作為によって助けたかという観点から各人の誤謬・過失・錯誤の性質と程度をえり分けて行くことにある」と、戦争責任について述べている。（同「戦争責任論の盲点」『思想』第三八一号、一九五六年三月）。この指摘は植民地責任を考える際にも当てはまるだろう。

*29 이현식편『제국과 식민지의 주변인――재저 일보인의 역사적전개』보고사、二〇一三年を参照。

*30 권 숙인「식민지 조선의 일본인―피식민 조선인과의 만남과 식민의식의 형성」『사회와 역사』八〇、二〇〇八年。

*31 권 숙인「식민지배기 조선 내 일본인학교――회고록을 통해 본 소・중학교 경험을 중심으로」『사회와 역사』七七、二〇〇八年。

*32 권 숙인「식민지 조선의 일본인 화류계 여선―한 게이샤 여선의 생아사를 톤해 본 주변부 여선 식민자」『사회와 역사』一〇三、二〇一四年。

*33 권 숙인「식민지 여자 제국의 주부 군국이 어머니――조선공론 지면을 통해 본 재조 일본인 사회의 젠더 담론」『일본비편』一八、二〇一八年。

*34 송 혜경「일제강점기 재조일본인 여선의 이상의 식민지주의――조선 간행 일본어 잡지에서의 간사이（韓妻）등장과 일본어 문학」『日本思想』三三、二〇一七年。

*35 송 혜경「재조일본인의 가경담론 형성과 식민지주의――조선에서 개최된 가정박람회（1915）를 중심로」『아시아문화연구』四六、二〇一八年。

*36 이 연식「패전 후 한반도에서 돌아간 일본인 여성의 귀환체험――남복간의 지역차를 중심으로」『한일민족문제연구』一七、二〇〇九年。

*37 梶村秀樹「植民地朝鮮での日本人」金原左門編『地方文化の日本史第九巻　地方デモクラシーと戦争』文

一総合出版、一九七八年、のち『梶村秀樹著作集第1巻　朝鮮史と日本人』明石書店、一九九二年、二四〇－二四二頁。尹健次「植民地日本人の精神構造——「帝国意識」とは何か」『思想』第七七八号、一九八九年四月。

＊38 Uchida, Jun. "A Sentimental Journey: Mapping the Interior Frontier of Japanese Settlers in Colonial Korea." *The Journal of Asian Studies*, Vol.70, No.3, 2011.

＊39 Sug-In KWEON "Japanese Female Settlers in Colonial Korea: Between the 'Benefits' and 'Constraints' of Colonial Society." *Social Science Japan Journal*, Vol.17, No.2, 2014.

＊40 오 성숙「재조 일본여선 '조센코' 연구——쓰다 세쓰코、『녹기』그리고 청화여숙」『日本言語文化』二七、二〇一四年。

＊41 송 혜경「일본 여선작가의 식민지 조선 경험과 식민지 기억——호리우지 스미코（堀内純子）의 식민지 조선 관련 작품연구」『韓日軍事文化研究』二三、二〇一七年。

＊42 序注27、히로세「대한제국기 일본 애국부인회의 탄생」、広瀬「植民地朝鮮における愛国婦人会——１９３０年代を中心に」、同「植民地朝鮮における愛国婦人会——韓国併合から満州事変開始まで」、同「植民地朝鮮における愛国婦人会——満州事変から日中戦争開始まで」、同「植民地朝鮮における愛国婦人会——併合から満洲事変までの軍事援護と救済活動」。

＊43 序注27、平子（広瀬）『帝国の少女の植民地経験』。

＊44 序注27、広瀬"The Identity of Second Generation Colonizers :Focused on Female Colonizers"。

＊45 序注27、広瀬「植民地から本国へ」。

＊46 序注27、広瀬「植民地支配とジェンダー」。히로세 레이코「여성식민자의 식민지의식과 그 변천——제국의 붕괴・귀환을 둘러싸고」『패전 후 귀환 일본인 기억의 다이나미즘과 식민지・제국의식』고려대학교 아세아문제연구소、二〇一四年。序注27、広瀬「朝鮮における女性植民者二世」。

＊47　朝鮮の「植民地近代」をめぐる議論については、松本武祝「研究動向　「植民地近代」をめぐる近年の朝鮮史研究——論点の整理と再構成の試み」宮嶋博・李成市・尹海東・林志弦編『植民地近代の視座——朝鮮と日本』岩波書店、二〇〇四年を参照。また、ジェンダーという視点から「植民地近代」について論じたものに、金津日出美「植民地近代とジェンダー研究——韓国の近年の研究から」『女性史学』第一八号、二〇〇八年がある。

＊48　安丸良夫『出口なお』朝日新聞社、一九七七年、二五八頁。

＊49　オーラルヒストリーについては、多くの研究があるが、ここではさしあたり、桜井厚編『ライフストーリーとジェンダー』せりか書房、二〇〇三年。同「オーラル・ヒストリーと女性史」『歴史評論』第六四八号、二〇〇四年四月。倉敷伸子「女性史研究とオーラル・ヒストリー」『大原社会問題研究所雑誌』第五八八号、二〇〇七年一一月。桜井厚「オーラルヒストリーとジェンダー史——歴史叙述との関連で」『ジェンダー史学』第一一号、二〇一五年。同「個人史の語りと歴史との接点——オーラル資料の構成と解釈」『歴史評論』第七七七号、二〇一五年一月。大門正克『語る歴史、聞く歴史——オーラル・ヒストリーの現場から』岩波新書、二〇一七年をあげておく。

＊50　ダニエル・ベルトー（小林多寿子訳）『ライフストーリー——エスノ社会学的パースペクティブ』ミネルヴァ書房、二〇〇三年、六六頁。

＊51　桜井厚「「事実」から「対話」へ——オーラル・ヒストリーの現在」『思想』第一〇三六号、二〇一〇年八月、二四〇頁、二四五―二四六頁、二五〇頁。桜井は、ストーリーは主観的な報告ではなくインタビューという相互行為を通して生みだされた産物であると見なすナラティブの立場に立ちつつも、全面的に与しない。「インタビューの相互行為は、「いま・ここ」で成立するが、語られる過去の経験は「あのとき・あそこ」の物語である」「人びとは自らの〈ヒストリー〉に基づいて〈ストーリー〉を語るのであって、〈ストーリー〉が〈ヒストリー〉を構築していると認識できるのは体験を共有できないインタビュアーの側なのである」と

する。そして、「歴史的出来事が語り手にとってどのような意味を持ったのかを適切な文脈で理解することが重要なのであり、それは通常のリアリスト歴史家が描く歴史の文脈とは必ずしも一致しないということなのだ。（中略）経験的語りは、過去に想像的に関係づけられるだけでなく、現在の自らの生活や生存の状況をふまえ、人びとは語るに値するもの、語り伝えるべきものとして、未来に関わろうとする意思や欲望、願望を表している」と主張する。また、経験の重視という点は、長谷川貴彦「物語の復権／主体の復権――ポスト言語論的展開の歴史学」『思想』第一〇三六号、二〇一〇年八月からも示唆を受けている。

＊52　蘭信三「満洲引揚者のライフヒストリー研究の可能性――歴史実践としての「下伊那のなかの満洲」」福間良明・野上元・蘭信三・石原俊編『戦争社会学の構想――制度・体験・メディア』勉誠出版社、二〇一三年、一六〇頁。

＊53　浅野豊美「折りたたまれた帝国――戦後日本における「引揚」の記憶と戦後的価値」細谷千博・入江昭・大芝亮編『記憶としてのパールハーバー』ミネルヴァ書房、二〇〇四年、二七四－二七五頁、三〇九－三一〇頁。

＊54　青山薫はこうした「変化の体現者としてのエイジェント」たる少数者に着目することの重要性を指摘している。大会シンポジウムB批評「「主体」から「エイジェント」へそして少数派の発想へ」『ジェンダー史学』第一〇号、二〇一四年、一二七頁。「エイジェント」という概念については、青山『「セックスワーカー」とは誰か――移住・労働・人身取引の構造と経験』大月書店、二〇〇七年参照。

＊55　京城第一公立高等女学校同窓会誌。戦後の同窓会再建は一九五〇年頃で、同窓会誌は『しのび草』として一九五〇年九月に発刊され、一九五二年一一月から『白楊』となった。以後毎年一回発行され、二〇〇八年第五九号で終刊した。国立国会図書館所蔵。

＊1　森田芳夫『朝鮮終戦の記録――米ソ両軍の進駐と日本人の引揚』巌南堂書店、一九六四年、二頁。
＊2　朝鮮総督府『朝鮮総督府統計年報昭和一七年版』一九四三年。
＊3　一九一一年から一九四六年の間、宮内大臣の管轄下で王公族の家務をつかさどる機関として京城府に置かれた。宮内省の外局。
＊4　尼港事件とは一九二〇年、アムール川河口のニコライエフスクにおいて、ロシア革命後の赤軍・白軍・パルチザン部隊が入り乱れるなかで、赤軍パルチザンが引き起こした大規模な住民虐殺事件である。被害者のなかに日本人居留民・日本領事一家・駐留日本軍守備隊を含んでいた。また建築物が完全に破壊され街が廃墟となった（原暉之『シベリア出兵――革命と干渉1917－1922』筑摩書房、一九八九年。麻田雅文『シベリア出兵――近代日本の忘れられた七年戦争』中公新書、二〇一六年）。
＊5　「朝鮮台湾満洲及樺太在勤文官加俸令」（明治四三年勅令第三八四号、一〇月一日公布、同日施行）に定められた。朝鮮人官吏には加俸はなく、明らかな民族的差別であった。一九四五年に朝鮮人官吏も加俸の対象としたが、内地人優遇は続いた。詳しくは、岡本真希子『植民地官僚の政治史――朝鮮・台湾総督府と帝国日本』三元社、二〇〇八年、第四章「俸給制度と民族差別」一八〇－二〇二頁を参照。
＊6　この点は多くの研究が指摘している。一例として、序注38、Uchida. "A Sentimental Journey." p.711.
＊7　岡本達明・松崎次夫編『聞書　水俣民衆史5　植民地は天国だった』草風館、一九九〇年。

第2章
＊1　詳しい沿革については表3を参照。沿革は『白楊会会員名簿――創立100周年記念』京城第一公立高等女学校白楊会、二〇〇八年五月一日と、アンケート・インタビューにより作成した。
＊2　「京城の婦人界（二）　京城の女生徒」『婦女新聞』第四八七号、一九〇九年九月一〇日。
＊3　「雑報　京城民団高女校拡張」『婦女新聞』第五〇九号、一九一〇年二月一八日。

＊4　「京城より」『婦女新聞』第五二二号、一九一〇年三月一一日。
＊5　「京城より　京城高等女学校長三浦直氏を訪ふ（上）」『婦女新聞』第五一三号、一九一〇年三月一八日。
＊6　「京城より　京城高等女学校長三浦直氏を訪ふ（下）」『婦女新聞』第五一四号、一九一〇年三月二五日。
＊7　「寺内夫人と李王妃殿下」『婦女新聞』第五四三号、一九一〇年一〇月一四日。
＊8　「高等女学校에補助」『毎日申報』一九一一年六月九日。『毎日申報』は一九三八年四月二九日から『毎日新報』となるが、本書では『毎日申報』で通した。
＊9　三浦直「植民地の女学生」『婦女新聞』第六八二号、一九一三年六月一三日。
＊10　成田忠良「創立十周年にあたりて」『白楊会誌』第五号、一九一八年六月。『白楊会誌』は京城公立高等女学校の同窓会誌であり、植民地朝鮮で発行された。
＊11　森田安次郎「巻頭言」『白楊会誌』第二七号、一九三一年七月。
＊12　白眼頑童「公開状（二）『うきよ』を読みて成田女学校長に与ふ」『朝鮮公論』第三巻第二号、一九一五年二月。
＊13　「女生徒に不純な恋をしかけられて潔く退鮮した第一高女の男教師小泉藤三氏の事ども」『朝鮮公論』第一〇巻第一二号、一九二二年一二月。
＊14　木槻哲夫「ある女学校の明治」林英夫編『地方文化の日本史第8巻　青雲の志と挫折』文一総合出版、一九七七年。堀場清子『青鞜の時代——平塚らいてうと新しい女たち』岩波新書、一九八八年、一五頁。香川由紀子「女学生のイメージ——表現する言葉の移り変わり」『言葉と文化』第6巻、二〇〇五年三月。
＊15　「学芸会と子供の芸術　南大門と第一高女」『大阪朝日新聞』一九二二年一二月一日。『大阪朝日新聞』は一九二五年四月一日より『朝鮮朝日』と改題し、一九三五年二月一二日から再び『大阪朝日新聞』となるが、本書では『大阪朝日新聞』で通した。
＊16　「入学期迫る　学校案内記　京城第一公立高女校」『大阪朝日新聞』一九二三年二月一八日。

＊17　小山静子『良妻賢母という規範』勁草書房、一九九一年、一七〇－一九七頁。

＊18　「京城府の学校組合会議で教育界の腐敗が問題となる」『大阪朝日新聞』一九二五年四月八日。「議論沸騰した京城の学校組合会　第一高女と教員異動問題で」『大阪朝日新聞』一九二五年四月一七日。

＊19　本章注17、小山『良妻賢母という規範』一八八頁。小山は『文部省年報』によっている。

第3章

＊1　クォン・スギンは、学校間の序列化と入試競争について同様な指摘をし、学校は社会の位階の縮小版だったと述べている。序注31、권「식민지배기 조선 내 일본인학교」六四－七八頁。

＊2　京城南山小学校同窓会『京城南山公立尋常小学校創立七〇周年記念誌　坂道とポプラと碧い空と』一九九六年、一二三－一二四頁、二四五頁。

＊3　沢井理恵『母の「京城」・私のソウル』草風館、一九九六年、九〇頁。回生は卒業生を送り出した順につけられた。第一回目の卒業生が一回生となる。

＊4　同右、沢井『母の「京城」・私のソウル』七七頁。

＊5　阿蘇美保子『生いたちの記』自費出版、一九七七年、六七－六八頁。

＊6　政次喜代子（三八回）・木佐貫喜美子（在二）「母の遺品より」『白楊』第五六号、二〇〇五年一〇月。この生徒手簿の所有者が入学したのは、まだ京城公立高等女学校の時代で、袴姿で登校していた。

＊7　大原済（三六回）「残心」『白楊』第一七号、一九六六年一〇月。

＊8　大場勇之助は朝鮮陸軍音楽隊に所属していた経歴があり、一九二一年四月一日付で大阪市の小学校訓導から第一高女に赴任している（『京畿道報』第四六二号、一九二一年五月三日）。その後、内野健児、多田毅三らと芸術雑誌『朝』を立ち上げている（「朝鮮芸術への黎明」井上収『半島に聴く』炎車堂書房、京城、一九二六年、一四五頁）。第一高女の校歌や、「京城府歌」を作曲している。さらに戦後第一高女同窓会の立ち

上げに精力を傾けた。

＊9　これは一九四〇年六月一五・一六日に府民館で行われた、新響（現在のN響）の公演である。野口克子「64年前の公演」『朝日新聞』二〇〇四年六月一二日「ひととき」。「新交響楽団大演奏会」『大阪朝日新聞中鮮版』一九四〇年六月一三日。女学生・白衣勇士招待演奏会は一六日の午後に行われた。

＊10　当初は砂袋を背負ったが、途中で捨てる生徒が出たため、米を入れた袋に変わったとR氏は語っている。

＊11　本章注2、京城南山小学校同窓会『京城南山公立尋常小学校創立七〇周年記念誌』一三二頁。四〇キロ行軍は平壌高等女学校でも行われていた（平川武士編『平壌高女の思い出』一九六八年、一三八頁、一七四頁、一八〇頁）。

＊12　葛原貞子（一八回）「松田ゆき様を悼む」『白楊』第四〇号、一九八九年一〇月。

＊13　扶余神宮は一九三九年に官幣大社として創立が決まり、一九四三年の鎮座をめざしたが、完成前に一九四五年の敗戦を迎え、一一月一七日に廃止された。なお、朝鮮における学徒勤労動員は一九三八年から開始される。허 수열「조선인 노동력 강제동원의 실태」차 기벽『일제의 한국식민 통치』정음사、一九八五年、三二八－三三三頁。

＊14　二〇〇九年一一月二九日付筆者宛I氏の書簡。

＊15　高尾和子（二九回）「青い林檎」『白楊』第一六号、一九六五年一一月。

＊16　第2章注9、三浦「植民地の女学生」。

＊17　祖父江孝男『県民性――文化人類学的考察』中公新書、一九七一年、二一〇頁。

＊18　『京城府史第3巻』一九四一年、四七六頁。

＊19　「職業的に自覚してきた内鮮女学生」『朝鮮及満洲』第一八五号、一九二三年四月。

＊20　『昭和十九年四月京城商工会議所調査課京城商工会議所調査資料第八輯ノ二　京城府内に於ける女学校以上卒業者の状況』。

＊21　本章注3、沢井『母の「京城」・私のソウル』一一六頁。
＊22　堀場清子・鹿野政直『祖母・母・娘の時代』岩波ジュニア新書、一九八五年、八六頁。
＊23　序注27、広瀬「植民地朝鮮における愛国婦人会――韓国併合から満州事変開始まで」。
＊24　「内鮮学生児童連合大音楽会　徂く春を歌ふ旋律の高鳴り　胡蝶と舞ふ五百の少女　内鮮児童七百の春の歌」『大阪朝日新聞』一九二四年五月一四日。
＊25　「秋の夕べを飾る乙女たちの奏で　内鮮女子中等学校音楽大会はいよいよ旬日に迫る」『大阪朝日新聞西北版』一九二八年一一月六日。
＊26　「優美な繊細なメロディーに陶酔境へと聴衆を導いた本社京城支局主催女子中等校音楽会の盛況」『大阪朝日新聞南鮮版』一九三〇年一一月一八日。
＊27　「お、甘美の旋律よ至純の陶酔境よ　気高く清らかなこの集り　本社支局主催女子音楽会の盛況」『大阪朝日新聞南鮮版』一九三一年一一月二五日。
＊28　「大日章旗の前に聖純な楽の調べ　京城女子中等音楽大会　果なき聴衆の感激」『大阪朝日新聞南鮮版』一九三六年一一月一四日。
＊29　「歌ふ乙女群像　京城女子中等音楽大会前期⑥　荘厳極る調べ　悠久の祖国を謳ふ「肇国」第一高女」『大阪朝日新聞中鮮版』一九四一年一一月八日。
＊30　「京城両高女鮮語を教ふ　当分は課外」『大阪朝日新聞』一九二六年五月六日。A氏は課外で朝鮮語を学んだことを記憶していた。
＊31　「高女生も演習に参加　陸軍記念日」『大阪朝日新聞』一九二五年二月二五日。
＊32　「第一高女通学生の麗はしき献金」朝鮮軍司令部愛国部編纂『愛国』第三号、一九三四年五月。
＊33　朝鮮人女学生が通った大邱公立女子高等普通学校でも、一九三七年一〇月から「皇国臣民ノ誓詞」唱和が行われている（太田修「戦時期大邱の朝鮮人女学生の学校生活――1937年の日記から」第二回佛教大

学・東国大学校共同研究『植民地朝鮮の日常を問う』思文閣出版、二〇一二年、二五〇－二五三頁)。

＊34　本章注5、阿蘇『生いたちの記』九七－九八頁。

＊35　樋浦郷子「一九三〇年代後半の朝鮮神宮における夏季早朝参拝」『朝鮮学報』第二一五号、二〇一〇年四月、一六四頁。

＊36　京城護国神社は一九四三年一一月二六日に創立・鎮座されている。「京城護国神社　廿六日に御鎮座祭　内鮮千五百の遺族参列」『朝日新聞中鮮版』一九四三年一一月一九日。したがって一九四二年三月卒業のI氏のこの奉仕は高学年次おそらく五学年時と推察される。

＊37　「各道支部事務担任者会議諮問答申書　昭和十四年二月愛国婦人会朝鮮本部」『大野緑一郎関係文書』R－二〇七　分類番号一八二九。「第一高女의愛国子女団組織」『東亜日報』一九三七年一二月一二日。

＊38　未婚女性を対象として、学校や職場で組織された。朝鮮においては、一九三七年六月に結成の方針が出されている。一九三七年六月三日「愛国子女団設置に関する件」。植民地朝鮮における愛国婦人会については、序注27、広瀬「植民地朝鮮における愛国婦人会——1930年代を中心に」。

＊39　高等女学校規程改正趣旨。

＊40　序注19、咲本「「皇民化」政策期の在朝日本人」八三頁。

＊41　序注40、오「재조 일본여선 ‘조센코’ 연구」七一六－七二二頁。

＊42　本章注13、허「조선인 노동력 강제동원의 실태」三二八－三三三頁。学徒勤労動員に関する事項は、本論文によっている。

＊43　「京畿道中等学校勤労報国隊結成式　朝鮮神宮で盛大に挙式」『大阪朝日新聞南鮮版』一九三八年七月二二日。

＊44　「全鮮学生・生徒の愛国労働奉仕作業」『朝鮮及満洲』第三六九号、一九三八年八月。

＊45　上野アキ（三二回）・山田百合子（三七回A）「スライド写真説明シナリオ」『白楊』第三九号、一九八八

年一〇月。
＊46　「運ぶ針真心籠めて　高女生の軍役奉仕」『京城日報』一九四三年一月二一日夕刊。
＊47　堀田（堀内のあやまりか）純子（三七回B）「昭和十九年の日記から」『白楊』第七号、一九五六年一一月。
＊48　桜井啓子（在三）「追憶の糸ぐるま（在三会より）」『白楊』第四三号、一九九二年一〇月。
＊49　「流石は瑞穂の乙女　一段を四十分――第一高女で田植手伝ひ」『京城日報』一九四一年六月一一日　夕刊。
＊50　「半島乙女の希求に応へ　救護看護婦志願者に温い親心」『大阪朝日新聞中鮮版』一九四二年七月三一日。樋口雄一「太平洋戦争下の女性動員――愛国班を中心に」『朝鮮史研究会論文集』三二、一九九四年によれば、一九四三年一月二一日の『毎日申報』は「国を愛する女性なら進んで白衣天使たれ」と報道した。「戦時女性の聖職　半島乙女よ、挙つて応募せよ――皆川少将白衣天使を語る」『京城日報』一九四三年二月一日。内地でも臨時救護看護婦として女学生を募集する動きが活発化している。亀山美知子『近代日本看護史Ⅱ　戦争と看護』ドメス出版、一九八四年、一四四－一五〇頁。
＊51　「戦ふ女性群③　従軍の日を待つ　赤十字看護婦」『大阪朝日新聞中鮮版』、一九四二年三月二五日。
＊52　水野真知子「高等女学校の研究（下）」『野間教育研究所紀要』第四八集、二〇〇九年、七四三頁。
＊53　阿蘇美保子（三七回A）「最後のお手紙から」『白楊』第三八号、一九八七年一〇月。
＊54　同右。
＊55　本章注50、樋口「太平洋戦争下の女性動員」より。「養蚕を学ぶ乙女達　素砂で四高女校の実習始まる」『京城日報』一九四三年六月二日。
＊56　「麦刈る乙女ら」『京城日報』一九四三年六月二三日。これ以外にも女学生の勤労動員に関する記事が踊る。「〝妾達も増米戦士〟京城女師生の聖汗」『京城日報』一九四三年六月八日。「情熱こめて　茄子やトマトは伸びる　培花高女の園芸実習」『京城日報』一九四三年六月二六日。
＊57　「学校を工場化　軍需生産に責任を負ふ」『京城日報』一九四四年五月一七日。

＊58 高木由貴子（在二）「おもい出となった雲母」『白楊』第八号、一九五七年一一月。
＊59 近藤喜助「私を語る」『白楊』第一八号、一九六七年一一月。
＊60 本章注48、桜井「追憶の糸ぐるま」。
＊61 同右。
＊62 木山蔦枝（在三）の文章（未発表）より。この文章を提供された小林千代子氏に感謝します。
＊63 山口多恵子（三七回A）「百周年記念大会の中の三十七A回生」『白楊』第五九号、二〇〇八年一〇月。
＊64 「扶余神宮御造営勤労奉仕の日割　総員は四万人突破」『大阪朝日新聞中鮮版』一九四二年三月六日。
＊65 『京城彙報』一九三八年一一月号、一九三九年一月号、二月号、九月号、一二月号。
＊66 津田節子「銃後の半島婦人」『朝鮮』一九三九年九月号。
＊67 「二日間とも大盛況　京城の「国民総力の夕」」『大阪朝日新聞中鮮版』一九四〇年一二月二〇日。
＊68 「一校から四名受賞　大喜びの第一高女」『大阪朝日新聞中鮮版』一九四一年九月二〇日。
＊69 「凜々しく乙女群像　女学校体育会に描く戦時色」『大阪朝日新聞中鮮版』一九四一年一〇月八日。
＊70 『京城彙報』一九三七年八月号、九月号。
＊71 「家庭防火組合婦人の防護演習」『京城彙報』一九三八年一二月号。掲載された写真は、割烹着・もんぺ・あねさんかぶりのいでたちの日本女性が整列したものと、バケツを持ち演習を行っているものがある。国民服姿の男性と、警官らしき男性が間に立ち監督（監視）している。
＊72 「中鮮地区防空訓練京城府実施計画」『京城彙報』一九三九年一〇月号。
＊73 「〝歩け通学〟の再出発　範囲を二キロ以内に緩和」『大阪朝日新聞南鮮版』一九四一年八月九日。一九四〇年八月以来一斉徒歩通学（下校時）を実施していたが、天候・季節・体格・年齢などから、負担過重と見られ、再検討の結果、学校から二キロ以内居住の生徒・学生に徒歩通学を課した。
＊74 「男女中等学校の制服統一　新学期から全鮮一様に」『大阪朝日新聞中鮮版』一九四二年三月二〇日。写真

も掲載されている。『毎日申報』一九四二年五月二二日にも写真が掲載されている。

＊75 各女学校では防空活動を徹底するため生徒に「もんぺ」を履かせるとの報道がある。「モンペ服地指定するな、廃物利用してもよいと各女学校に注意」『毎日申報』一九四三年五月八日。井上和枝「農村振興運動──戦時体制期における朝鮮女性の屋外労働と生活の変化」『国際文化学部論集』（鹿児島国際大学）一一（二―四）、二〇一一年三月より。

＊76 吉見光野（三八回）「三十八回の皆様へ」『白楊』第一三号、一九六二年九月。

＊77 『毎日申報』一九四四年八月五日。本章注75、井上「農村振興運動」より。

＊78 松脂から松根油を作り、航空燃料にするためだった。

＊79 一九四四年第一期生として女性二〇〇名ほどが集められ、入隊後の厳しい教育訓練を受けたのち、軍務に就いた。勤務は日勤・夜勤、明け休みの三交替制であった。当初は、愛国の精神にあふれて任務を遂行したが、だんだん負け戦となっていったとI氏は記す（和賀君子『ねずみのあしあと』私家版、発行年不明、一九―二〇頁）。

第4章

＊1 木村健二も同様な指摘をしている。「植民地新義州在住日本人の異文化接触」戸上宗賢編『交錯する国家・民族・宗教──移民の社会適応』不二出版、二〇〇一年、八六頁。

＊2 李惠恩「京城府의 民族別居住地分離에 관한 研究──1935年을 中心으로」『地理学』（大韓地理学会）第二九号、一九八四年。

＊3 第3章注5、阿蘇『生いたちの記』六五頁。

＊4 平田由美「〝他者〟の場所──「半チョッパリ」という移動経験」伊豫谷登士翁・平田由美編『「帰郷」の物語／「移動」の語り──戦後日本におけるポストコロニアルの想像力』平凡社、二〇一四年、五三頁。

＊5　フランツ・ファノン（鈴木道彦・浦野衣子訳）『地に呪われたる者』みすず書房、一九六九年、一一五頁。
＊6　徐智瑛によれば、一九二〇年代後半、大衆雑誌には「下女」「食母」といった使用人が、雇用主の家の金品を取得した窃盗罪で罰せられたり、それをとがめられて自殺したりする内容が頻繁に登場するという。この現象を徐智瑛は、「当時の都市の富裕層の家庭に入った」使用人が、「窮乏した農村とは違う都市中間層の文化と資本にさらされながら、物質的な欲望に目を開かれる一面」だと指摘している（同『京城のモダンガール——消費・労働・女性から見た植民地近代』みすず書房、二〇一六年、二五七頁）。H氏に「手癖が悪い」とみなされた朝鮮人使用人も、このような都市中間層の文化と資本を目の当たりにして、主人の家の物につい手を出してしまうことがあったのではないかと推測する。
＊7　内田じゅんも同様な指摘をしている。序注38、Uchida, "A Sentimental Journey." p.710.
＊8　第3章注5、阿蘇『生いたちの記』一二二頁。
＊9　創氏改名とは、一九三九年一二月二六日に朝鮮総督府が「朝鮮人の氏名に関する件」として公布し、一九四〇年二月一一日から八月一〇日の間に、日本ふうの名前に改名し届け出ることを朝鮮人に要求したもので、届け出と言いながら強制を伴ったものであった（水野直樹『創氏改名——日本の朝鮮支配の中で』岩波新書、二〇〇八年）。
＊10　大野美鶴（三七回B）「歪んだ青春」『白楊』第五九号、二〇〇八年一〇月。
＊11　ただしこうした語りについては以下のような鋭い批判がある。「ある日本人がいて、自分は朝鮮人に対してなんら差別をしなかった、と言う。このような人は多いのである。この人のこの表現が、実はその日本人の「優越感」を支える。ここでは、平等も、差別も、同じ歴史を持つゆえに、同義語と化するのだ」（村松武司『朝鮮植民者——ある明治人の生涯』三省堂、一九七二年、二五九頁）。
＊12　池田正枝（三三回）「「朝鮮」を憶う」『白楊』第四八号、一九九七年一〇月。
＊13　修学旅行で内地へ行った女学生が日本で日本人（内地人）扱いされなかったという、指摘がある。序注40、

오「재조 일본여선〝조센코〟연구」七二八頁。

＊14 堀内純子「野菊」『静岡新聞』一九八〇年九月六日 夕刊。

＊15 堀内純子「赤いカンナの花」『静岡新聞』一九八〇年八月九日 夕刊。

第5章

＊1 第3章注5、阿蘇『生いたちの記』一二六－一二七頁。ただし、朝鮮人に対する白衣の禁止は、色服奨励運動にも拠ったことを付記しておく。

＊2 堀内純子「一条の光」『静岡新聞』一九八〇年八月一六日 夕刊。

＊3 第3章注3、沢井『母の「京城」・私のソウル』一二六－一二八頁。

＊4 第4章注10、大野「歪んだ青春」。

＊5 渡部通子（在一）「歯止め」『白楊』第二二号、一九七一年一〇月。

＊6 第3章注62、木山（在三）の文章（未発表）より。

＊7 佐藤和子（三八回）「38回中村智恵子様をお偲びして」『白楊』第五三号、二〇〇二年一〇月。同「三十八回卒業証書授与 謝辞」『白楊』第五四号、二〇〇三年一〇月。第三八回卒業生は、一九四五年九月二日付で繰り上げ卒業となった。

＊8 望月春子（在二）「終戦の日の思い出」『白楊』第五〇号、一九九九年一〇月。

＊9 齋藤尚子『消えた国旗』岩崎書店、一九六六年、二〇二頁。

＊10 小林聡明「大韓民国の八月十五日」川島真・貴志俊彦編『資料で読む世界の8月15日』山川出版社、二〇〇八年、八五頁。加藤聖文『「大日本帝国」崩壊——東アジアの1945年』中公新書、二〇〇九年、七一－七二頁。

＊11 アレッサンドロ・ポルテッリ「ルイージ・トラストゥッリの死」同『オーラルヒストリーとは何か』水声

社、二〇一六年、六二一六三頁。
＊12　伊澤光代（三八回）「昭和二十年八月十七日の学舎」『白楊』第五三号、二〇〇二年一〇月。
＊13　木山蔦枝（在三）「第一高女最後の日」『白楊』第五九号、二〇〇八年一〇月。

第6章

＊1　実際に機雷に接触して船が爆沈する事故が起こっている。一九四五年一〇月一四日に対馬厳原港を出た九州郵船「珠丸」（八〇〇トン）は、朝鮮から小さな帆船などでたどりついた引揚者や対馬からの復員兵を乗せて博多に向かう途中、日本軍の設置した機雷に接触、爆沈した。犠牲者は五五〇人以上と言われるが、正式な数は不明（「引揚げ港・博多を考える集い」監修『博多港引揚』図書出版のぶ工房、二〇一一年、一〇九頁）。
＊2　ケルナー東明子（在三）「四十六年後の再会」『白楊』第四二号、一九九一年一〇月。
＊3　二〇一一年八月二日付筆者への書簡。京城日本人世話会については、今村勲『京城六カ月――私の敗戦日記』一九八一年、自費出版が参考になる。京城日本人世話会会報は、平和祈念事業特別基金『資料所在調査結果報告書（別冊）資料紹介京城日本人世話会会報第1号～第123号　昭和20年9月～昭和21年2月』一九九九年三月参照。
＊4　二〇一二年四月筆者宛書簡。
＊5　部外秘第四〇歩兵師団司令部APO40　作戦メモ第一三号、一九四五年一〇月一六日「軍人および民間人の避難者が日本へ移動するに先立って執るべき処置に関する件」において「日本の民間人は、その年齢に拘りなく、一人あたり一〇〇〇円を超えない額の通貨を持帰ることを許される」とある（浅野豊美監修・解説・明田川融訳『故郷へ――帝国の解体・米軍が見た日本人と朝鮮人の引揚げ』現代史料出版、二〇〇五年、一六二頁）。

＊6　堀内純子「障壁」『静岡新聞』一九八〇年一〇月四日夕刊。
＊7　大濱徹也「歴史としての引揚げ体験」同『日本人と戦争――歴史としての戦争体験』刀水書房、二〇〇二年、一七九頁。
＊8　同様なことは大野美鶴が、「道で会う人々の誰もが日本人、不思議な気持ちがした。荷車を曳く人、肥桶を担ぐ人、皆日本人である。やっぱり此処は日本なのだ」と記している（第4章注10、大野「歪んだ青春」）。
＊9　日本が用意できた引揚者を運ぶ艦船は、わずか一三二隻と少なかったため、一九四六年、アメリカが「リバティー船」「LST」など一九一隻を貸与し、引揚げ輸送が軌道に乗った（本章注1、「引揚げ港・博多を考える集い」監修『博多港引揚』八八頁）。
＊10　以上は、T氏と筆者のメールでのやりとりによっている。
＊11　「スケートに生きる　橋本修子さん」『読売新聞』一九六三年一月九日夕刊。
＊12　このような違和感・疎外感を確かめ、慰めあい、困難な生活のなかでもエネルギーを得る場として機能したのが、植民地学校同窓会、植民地同窓会であったと推測するが、この点については後日の課題としたい。
＊13　五木寛之『五木寛之こころの新書6　サンカの民と被差別の世界』講談社、二〇〇五年、一二三－一二四頁。同様に、引揚者である自分を「在日日本人」あるいは、「日本のなかでの〝中国人〟」と意識した人々がいる（森本哲郎「極限状況からの出発」『潮』第一四二号、一九七一年八月、一一〇－一一二頁）。
＊14　三吉明「貧困階層としての引揚者の援護について」『明治学院論叢』五二（一）、一九五九年二月。
＊15　堀内純子「おうまれは？ご実家は？」『静岡新聞』一九八〇年八月二日夕刊。
＊16　宮林千枝子（二八回）『白楊』第三六号、一九八五年一〇月。

第7章
＊1　序注37、梶村「植民地朝鮮での日本人」、于「植民地日本人の精神構造」、三宅ちさと「民衆とアジア――

植民者としての日本人と現地民」『日本学報』一二、一九九三年一二月。高吉嬉『〈在朝日本人二世〉のアイデンティティ形成――旗田巍と朝鮮・日本』桐書房、二〇〇一年。

＊2　序注27、広瀬「植民地から本国へ」。

＊3　序注27、広瀬「植民地支配とジェンダー」、同「朝鮮における女性植民者二世」、同 "The Identity of Second Generation Colonizers"。

＊4　鈴木辰子（二一回）「故郷賛歌」『白楊』第四二号、一九九一年一〇月。

＊5　F・デーヴィス（間場寿一ほか訳）『ノスタルジアの社会学』世界思想社、一九九〇年、五六頁。

＊6　小林勝『朝鮮・明治五十二年』「あとがき」『小林勝作品集　第五巻』白川書院、一九七六年、三一九頁。金石範「解説「懐かしさ」を拒否するもの」『小林勝作品集　第五巻』白川書院、一九七六年、三七一―三七九頁。

＊7　第1章注5、岡本『植民地官僚の政治史』。

＊8　二〇一九年一月筆者宛葉書。

＊9　渡辺由利子（二一回）「玄海を越えて」『白楊』第八号一九五七年一一月。

＊10　米倉菖蒲「三十回だより五十周年記念日に寄せて」『白楊』第八号、一九五七年一一月。中島健蔵『昭和時代』岩波新書は一九五七年五月に刊行されている。

＊11　『白楊』第一六号、一九六五年一一月に「韓国の旅　旅行団募集中」の広告が掲載されている。『白楊』第一七号、一九六六年一〇月にはノスタルジーに満ちた訪問記が載っている。

＊12　「「朝鮮京城」というといやがられる。必ず「韓国ソウル」ということ」石川えい（一四回）「韓国旅行」『白楊』第二四号、一九七三年一〇月。「ソウルの街には漢字は一字もなく、ハングルのみ」岡本多喜子（二七回）「ソウル旅行記」『白楊』第二四号、一九七三年一〇月。

＊13　井出宣子（三三回）「京龍白常訪韓ツアーの記」『白楊』第三三号、一九八二年一〇月。

＊14 川村泰子（三七回B）「残った光化門」『白楊』第三七号、一九八六年一〇月。
＊15 古沢伸世（二七回）「懐かしい友宋銀璇さん」『白楊』第三八号、一九八七年一〇月。
＊16 剣持千枝子（三三回）「柳絮の風景　二十二回青柳緑様を偲ぶ」『白楊』第三九号、一九八八年一〇月。
＊17 渡辺由利子（二一回）「棕櫚の蝿叩き」『白楊』第四〇号、一九八九年一〇月。
＊18 大原済（三六回）「ある歌に思う」『白楊』第四〇号、一九八九年一〇月。
＊19 村田敏（二六回）「身辺雑記　思い出すままに」『白楊』第五九号、二〇〇八年一〇月。
＊20 第5章注9、齋藤『消えた国旗』二〇二頁。
＊21 青柳緑「あとがき」『李王の刺客』潮出版社、一九七一年、二八三－二八四頁。
＊22 青柳緑（二二回）「無窮花（ムグンファ）」『白楊』第三三号、一九八二年一〇月。
＊23 本章注16、剣持「柳絮の風景」。
＊24 第3章注5、阿蘇『生いたちの記』八六頁。
＊25 阿蘇美保子（三七回A）「韓国に留学して」『白楊』第三七号、一九八六年一〇月。
＊26 同右。
＊27 和賀君子（三四回）「統一目指す南北合意の動きに寄せて」『白楊』第五一号、二〇〇〇年一〇月。
＊28 和賀君子『残照模様』新風社、二〇〇三年、一一七頁、一二四－一二五頁。
＊29 高橋菊江「残光」『丘陵』一七、二〇〇八年。
＊30 高橋菊江『赤煉瓦の家』ドメス出版、一九九六年。
＊31 高橋菊江（三五回）「短編小説集『赤煉瓦の家』を発刊して」『白楊』第四七号、一九九六年一〇月。
＊32 池田正枝（三三回）「ソウルに旅して」『白楊』第四二号、一九九一年一〇月。
＊33 池田正枝『二つのウリナラ（わが祖国）――21世紀の子どもたちへ』解放出版社、一九九九年。
＊34 池田正枝（三三回）「身辺雑記」『白楊』第五〇号、一九九九年一〇月。

＊35　池田正枝（三三回）「身辺雑記」『白楊』第五一号、二〇〇〇年一〇月。
＊36　堀内純子『はるかな鐘の音』講談社、一九八二年。
＊37　この点に関して、序注1、吉田『日本人の戦争観』一九六頁。窓欄「勘助のかなしみ」『朝日新聞』二〇一二年三月二六日夕刊。
＊38　第4章注11、村松『朝鮮植民者』二四六頁。
＊39　堀内純子「あしあと」『静岡新聞』一九八〇年九月二〇日夕刊。
＊40　本章注1、三宅「民衆とアジア」六三頁も、同様な指摘をしている。
＊41　本章注36、堀内「あとがき」『はるかな鐘の音』一八八頁。新聞連載は、『静岡新聞』（夕刊）窓辺欄、第6章注15「おうまれは?ご実家は?」、第4章注15「赤いカンナの花」、第5章注2「一条の光」、「セミの声」（八月二三日）、「かごめかごめ」（八月三〇日）、第4章注14「野菊」、「てがみ」（九月一三日）、本章注39「あしあと」、「幼友だち」（九月二七日）、第6章注6「障壁」、「ロウソクの光」（一〇月一一日）、「引き揚げの夢」（一〇月一八日）、「ふるさとがわり」（一〇月二五日）である。
＊42　同右、「ふるさとがわり」。
＊43　堀内純子「ユッコの道」『鬼ヶ島通信』第一四〜二二号、三〇〜三六号、一九八九年一一月〜一九九三年一一月、一九九七年一一月〜二〇〇〇年一一月。
＊44　本章注41、堀内「幼友だち」。
＊45　堀内純子『葡萄色のノート』あかね書房、二〇〇二年。
＊46　同右、「あとがき」。
＊47　本章注39、堀内「あしあと」。
＊48　序注19、咲本「植民地のなかの女性教育」四四頁。
＊49　梶村秀樹「柳宗悦に朝鮮を紹介した林業技師の触発力に富む評伝」『朝日ジャーナル』一九八二年、九月、

六四頁。

＊50 高崎宗司『朝鮮の土となった日本人――浅川巧の生涯　増補三版』草風館、二〇〇二年、二八一頁。

＊51 小田実「平和の倫理と論理」『展望』九二号、一九六六年八月。

おわりに

＊1 泊次郎「書評　被害体験によりかかった平和と民主主義の危うさ――吉見義明『焼跡からのデモクラシー――草の根の占領期体験　上・下』」『UP』四三巻六号、二〇一四年六月。

あとがき

本書は筆者がここ五年ほどの間に発表した著作がもとになっている。その初出は以下のとおりである（本書にまとめるにあたって大幅に改稿した）。

平成二一－二三年度科学研究費補助金（基盤研究(C)）研究成果報告書『帝国の少女の植民地経験――京城第一高等女学校を中心に』二〇一二年。

「植民地から本国へ――ある女性植民者二世の葛藤」『移民研究年報』第一九号、二〇一三年。

「植民地支配とジェンダー――朝鮮における女性植民者」『ジェンダー史学』第一〇号、二〇一四年。

「朝鮮における女性植民者二世――京城第一公立高等女学校生の経験」『梨花史学研究』第五三輯、二〇一六年。

"The Identity of Second Generation Colonizers :Focused on Female Colonizers"『여성과 역사』二七、二〇一七年。

これまで図書館などで資史料を探索・収集し論文を書いてきた筆者にとって、本研究はまったく新しい経験だった。研究を開始し、インフォーマントを探し、アンケートを依頼し、インタビューを重ねた。アンケートの回答が封書で届き、一通一通に目を通すとき、インフォーマントの体験の多彩さにひきこまれた。この多彩で豊かな経験を、ぜひ書きたいという思いが強まっていった。インタビューには、北は北海道の旭川から南は大阪まで足を運んだ。どなたも親切に接してくださった。なかにはお話が長時間にわたり、食事までごちそうになったこともあった。帰宅してノートを整理し、録音を何度も聞き返すという作業を重ねていった。インタビューで聞きえなかった事柄を郵送やメールで質問すると、みなさん親切に答えてくださった。インタビューのなかで印象的だったのは、一様に「なぜそんな昔のことを聞きたいのか」という質問を受けたことである。それに答えて許可をとり、レコーダーをセットしてお話が始まると、どなたもあふれるように記憶の糸を紡ぎだすのであった。インタビューとは別に、白楊会札幌支部の皆さんは、年一回の集まりに呼んでくださった。昼食をともにしながら植民地時代のお話をうかがうのは、興味深くまた楽しいひとときであった。そのような作業を重ねて、本書の輪郭がおぼろげながら見えてきたのは二〇一五年頃だったと記憶する。

だが、アンケートやインタビューだけで著書を書くことはできない。個人の体験したことを歴史のなかに位置づけるには、当時の資史料や文献をひもとき、可能な限り検証する必要があった。植民地の女学校はどのような役割を期待されていたのか、女学生にどのような視線が注がれていたのか、植民地支配との関係はどのように考えたらよいのか、戦時体制が強まるなかで女学校の生活はどのように変わっていったのか、敗戦時の京城の状況はどのようなものだったのか、植民地朝鮮からの引揚げはどのように行われたのかなどを調べる必要があった。これらは本書注で示した多くの資史料・文献によった。なかでも当時の植民地の状況を把握するうえで、植民地朝鮮で発行された新聞、『毎日申報』『大阪朝日新聞』『京城日報』、雑誌、『朝鮮公論』『朝鮮及満洲』に大いに助けられた。

個人の経験と歴史をクロスさせながら、本書を書き始めた。インフォーマントのお顔や語り口を思い浮かべながら、本書を書き進めるのは幸せな時間だった。ともに、もっと早くにまとめることができなかったことが悔やまれる。

このところオーラルヒストリーに関心が集まっている。男性に比して、文字資料を残す機会に乏しい女性の歴史を解明するには、オーラルヒストリーの方法が有効だと指摘されて久しい。本書はオーラルヒストリーの研究に多くを学んでいる（本書序）。とはいえ、筆者としては未知の分野に入り込み、迷いつつ本書をまとめることにこぎつけたというのが実情である。

この研究を機に、韓国の研究者との交流が生まれたことはうれしいことだった。科学研究費補助金を得たことで、二〇一四年八月にソウル大学洛星岱《ナクソンデ》経済研究所で行ったセミナーで発表する機会を得た。これが縁となり、一一月には高麗大学亜細亜問題研究所で開催された学会「敗戦後引揚げた日本人の記憶のダイナミズムと植民地・帝国意識」で発表することができた。さらに、梨花女子大学歴史学部で開催された二〇一六年一月の国際会議「女性と文化」、韓国女性史学会が主催した二〇一七年一一月の国際会議「アジアにおける女性移民と文化」でも発表の機会を与えられ、多くの助言を得た。記して感謝したい。韓国の研究者との研究交流はとても貴重なものであり、これからも継続していきたい。このほか、日本の学会・研究会での発表に際して、多くの研究者の方々に貴重な意見をいただいた。この場を借りて感謝したい。

大学院時代から学恩を被っている鹿野政直さんには、女性史を学ぶ意義や方法論をはじめ、弱者への共感をもち寄り添うことや、「痛覚を忘れない」研究姿勢を教わってきた。鹿野さんは現在の日本の状況に、「「世直し」を」という気持ちで対峙しておられる。沖縄に対する政治的行動や市民運動の推進に関わっていることは、日本にはびこる植民地主義への深く鋭い批判であり、周辺に追いやられている人々への励ましと連帯の行為にほかならない。その熱い心に深く学びたい。

本書が成り立つまでに多くの方々の協力を得た。とりわけ、当初からわたくしの研究意図を理解してくださり、協力を惜しまなかった吉岡万里子さんにお礼を申し上げたい。吉岡さんなくしては本書をまとめることはできなかった。故堀内純子さんは、お目にかかることはかなわなかったが、手紙とメールで当時の経験を詳細に教えてくださった。本書を御霊前に捧げたい。ついで、アンケート・インタビューに丁寧に答えてくださったインフォーマントの方々に感謝を申し上げたい。御高齢にもかかわらず、皆さん快く回答を寄せてくださった。堀内さんをはじめすでにこの世におられない方もある。とても残念である。

本研究を行うにあたり以下の補助金を得た。
平成二一－二三年度科学研究費補助金（基盤研究(C)）「帝国の少女の植民地経験――京城第一高等女学校を中心に」。
平成二五－二八年度科学研究費補助金（基盤研究(C)）「女性の植民地責任に関する研究　朝鮮を中心

に」。

平成二五−二八年度科学研究費補助金（基盤研究(A)）「帝国日本の移動と動員」（代表：今西一）。

本書の出版まで大月書店編集部の角田三佳さんには大変お世話になった。学術書の出版事情が厳しいなかで、出版の労をとってくださった角田さんはじめ大月書店の皆様に心より感謝を申し上げたい。

最後に私事にわたるが、常にわたしの応援団でいてくれる九八歳の母と、娘雪乃に感謝したいと思う。また、人生の同伴者である夫は、専攻分野は異なるが、議論のなかで知的刺激とさまざまな気づきを与えてくれる。心からの謝意を平子友長に捧げることをお許し願えれば幸いである。

広瀬 玲子

二〇一九年七月

著者
広瀬　玲子（ひろせ　れいこ）
北海道情報大学情報メディア学部教授
近代日本思想史・女性史専攻　博士（文学）
1951年新潟県生まれ
早稲田大学大学院文学研究科博士後期課程満期退学
主要著作
単著：『国粋主義者の国際認識と国家構想――福本日南を中心として』（芙蓉書房出版，2004年），科学研究費補助金研究成果報告書『帝国の少女の植民地経験――京城第一高等女学校を中心に』（2012年）
共著：『北の命を抱きしめて』（ドメス出版，2006年），『東アジアの国民国家形成とジェンダー』（青木書店，2007年），『北海道社会とジェンダー――労働・教育・福祉・DV・セクハラの現実を問う』（明石書店，2013年），『제국과 식민지의 주변인 재조일본인의 역사적 전개』（보고사，2014年），『帝国日本の移動と動員』（大阪大学出版会，2018年）など。

装幀　金子眞枝

帝国に生きた少女たち
京城第一公立高等女学校生の植民地経験

2019年8月9日　第1刷発行
2020年1月14日　第2刷発行

定価はカバーに表示してあります

著　者　広瀬玲子
発行者　中川　進

〒113-0033　東京都文京区本郷2-27-16
発行所　株式会社　大月書店
印刷　三晃印刷
製本　ブロケード
電話（代表）03-3813-4651　FAX03-3813-4656／振替 00130-7-16387
http://www.otsukishoten.co.jp/

ISBN978-4-272-52114-2　C0021　Printed in Japan